DAS GROSSE BUCH DER ENGEL

DAS GROSSE BUCH DER ENGEL

HERAUSGEGEBEN UND BEGLEITET
VON UWE WOLFF

HERDER FREIBURG · BASEL · WIEN

Merkwürdig ist die Erwartung fremder Gäste gerade heute, wo die astronautische Erkundung nicht nur die Unbewohntheit, sondern auch die Unbewohnbarkeit der Sterne erwiesen zu haben scheint. Hier eben deutet sich die Tiefe der Sehnsucht an. Immer stärker wird gefühlt, daß die reine Macht und der Genuß der Technik nicht befriedigen. Was früher Engel waren und was Engel gaben, wird vermißt.

ERNST JÜNGER

Für Karl-Heinz Streb

Umschlaggestaltung: Neil McBeath, Kornwestheim
Umschlagmotiv aus: Miniatur aus der Apokalypse für Edward I., nr. 18, fol. 37^v, Ende 13. Jh. Oxford, Bodleian Library, Douce 180.

Satz: G. Scheydecker, Freiburg im Breisgau
Reproduktionen: Graficas Santamaria, Vitoria
Druck und Bindung: Graficas Santamaria, Vitoria
ISBN 3-451-23393-2

INHALT

PRÄLUDIUM 11

ERSTER CHOR DER ENGEL: IM ANFANG

Gott, Engel, Mensch – Welten im Werden ... 13

1
Flammend in heiliger Liebe

Rafael Alberti
Die Schülerengel 14

Johann Wolfgang von Goethe
Die Sonne tönt nach alter Weise 15

Aurelius Augstinus
Erschaffung und Fall der Engel 15

2
Ob Engel mit Weibern fleischlichen Umgang haben können

Leo Perutz
Englische Küsse im Schatten der Ölbäume 20

Genesis 6,1–4
Die Erzeugung der Riesen 23

Charles Bukowski
Der Baseball-Engel 23

Äthiopisches Henochbuch
Über den Fall der Engel 28

Wim Wenders / Peter Handke
Es wird eine Geschichte von Riesen sein ... 33

Herta Kräftner
Und deine Lippen fielen über mich 35

Aurelius Augustinus
Es waren keine Engel 36

Rose Ausländer
Trost 38

3
Geburtswege

Michail Lermontow
Der Engel 40

Christian Morgenstern
Der Engel 40

Lukas 1,5–2,21
Gabriel 41

Rafael Alberti
Verlorenes Paradies 46

ZWEITER CHOR DER ENGEL: VON FLÜGELN ZUGEDECKT

Lieben und Leiden unter Engeln 47

1
Deck' mich mit deinen Flügeln zu

Marius Müller-Westernhagen
Engel, laß die Zeit stillstehn 48

Paul Gerhardt
Nun ruhen alle Wälder 49

Marie Luise Kaschnitz
Auszug aus: Schnee 50

Heimo Schwilk
Paradies 50

Rose Ausländer
„Komm Engel ..." 50

Nelly Sachs
Ihr seht sie nicht 51

Uschi Neuhauser
Ein fauler Hund 52

Jürg Federspiel
Geographie der Lust 52

Gottfried Benn
Menschen getroffen 57

Genesis 18,1–15
Drei Engel besuchen Abraham und Sara 58

2
Schwule und Huren

Hans Henny Jahnn
Jeden ereilt es 60

Hans Henny Jahnn
Engel haben Schwänze 61

Hans Henny Jahnn
Die Begegnung 61

Genesis 19,1–19
Vergewaltigungsversuch an zwei Engeln 64

Ernst Bloch
Engel in Gestalt einer Hure 66

3
Keusch wie die Engel

Matthäus 22,23–33
Ein Streitgespräch 67

Ferdinand Holböck
Caecilias römische Brautnacht 67

Born Judas
Mathia ben Cheresch 68

Jorge Luis Borges
Nicht der Sinne wüste Lust 70

4
Die reine Stirn der Engel

Rudolf Otto Wiemer
Es müssen nicht Männer mit Flügeln sein ... 71

Marie Luise Kaschnitz
Ja, mein Engel 71

Mechthild von Magdeburg
Gabriel als Liebesbote 80

DRITTER CHOR DER ENGEL:
WELT DES KINDES

Schutzengel 81

1
Erfahrungen und Erinnerungen

Erwin Wickert
Die Begegnung mit dem Engel 82

Wilhelm von Kügelgen
Jugenderinnerungen eines alten Mannes 83

Hermann Sudermann
Gottes Gegenwart 85

Winfried Maas
Jemand nahm mich bei der Hand 86

Daniel 3,1–30
Drei Männer und ein Engel im Feuerofen ... 86

Apostelgeschichte 12,1–25
Ein Engel befreit Petrus aus dem Gefängnis .. 89

Joé Snell
Heilengel – Erlebnisse einer Kranken-
schwester 90

Hans C. Moolenburgh
Haben Sie schon mal einen Schutzengel
gesehen? – Umfrageergebnisse 93

Rose Ausländer
Gipfel 101

Rafael Alberti
Der gute Engel 101

2
Kinderwelten

Wim Wenders / Peter Handke
Der Engel Damiel spricht 102

Ernst Heimeran
Das Engelgespräch 103

Schalom Ben-Chorin
Der Engel mit der Fahne –
Eine Simchat-Thora-Erinnerung 104

Kinderlied
Gebt dem Engel Bratkartoffeln 106

White Eagle
Der geistige Pfad – Geistige Entwicklung und
Entfaltung der Seelenkräfte des Menschen ... 108

Nikolaus Lenau
Stimme des Kindes 110

3
Schutzengel in der Bibel

Psalm 91
Wer unter dem Schirm des Höchsten sitzt ... 111

Aus Matthäus 1–4
Jesu Schutzengel ... 112

Matthäus 18,1–10
Die Engel der Kinder ... 114

VIERTER CHOR DER ENGEL: VERWANDLUNGEN

Abschied, Schmerz und Große Fahrten ... 115

1
Ende des Kinderhimmels

Rose Ausländer
Kindheit I ... 116

Marie Luise Kaschnitz
Ein Häufchen Unglück ... 117

Rose Ausländer
Schwebend auf Weltenbahnen ... 117

Ilse Aichinger
Engel in der Nacht ... 118

Else Lasker-Schüler
Meine Mutter ... 122

Else Lasker-Schüler
Gebet ... 123

Nelly Sachs
Chor der Tröster ... 123

Rafael Alberti
Die beiden Engel ... 124

Walter Benjamin
Ein Sturm weht vom Paradiese her ... 124

2
Auch Engel leiden

Patrick McGrath
Wer weiß schon, was ein Engel in einem Jahrhundert wie diesem zu suchen hat? ... 125

Gwendolin Fischer
Kind und Engel – Ein Gespräch ... 128

Johannes Brahms
Wiegenlied ... 132

Rafael Alberti
Der überlebende Engel ... 132

Rafael Alberti
Die toten Engel ... 133

Wolf Biermann
Das Barlach-Lied ... 133

Walter Benjamin
Agesilaus Santander ... 134

3
Phantastische Fahrten

Frankfurter Allgemeine Zeitung
„Engel als Anhalter undenkbar" ... 136

Nina Hagen
LSD-Engel ... 137

Ernst Jünger
Eine unbestimmte Sehnsucht ... 138

Franz Kafka
Eine kaiserliche Botschaft ... 138

Gerald Zschorsch
Elegie ... 140

Das Buch Tobit
Es war ein Mann mit Namen Tobias ... 140

FÜNFTER CHOR DER ENGEL: NATUR

Engel, Energien und Esel ... 151

1
Elektronenengel

Rose Ausländer
Nicht wahr ... 152

Franz Werfel
Stern der Ungeborenen ... 153

John Henry Kardinal Newman
Unter der Hülle der sichtbaren Welt ... 162

2
Ökologie und Umwelt

Dora van Gelder
Im Reich der Naturgeister ... 163

Christian Morgenstern
Wasserfall bei Nacht ... 168

4 Mose 22,1–35
Bileams Esel und der Engel 168

Flower A. Newhouse
Engel und Devas 171

SECHSTER CHOR DER ENGEL: DIE GROSSE SCHAU

Visionäre, Träumer, Betrüger 173

1
Berufungsvisionen

Jesaja 6,1–13
Jesajas Berufung zum Propheten 174

Hesekiel 1–3
Hesekiels Berufungsvision 176

Äthiopisches Henochbuch
Der himmlische Hofstaat 179

Rafael Alberti
Die Engel der Hast 180

Sahih al-Buhari
Mohammed in der Höhle von Hira 180

Joseph Smith
Der Besuch Moronis 182

2
Träumer und Betrüger

Marc Chagall
Petersburger Engel 185

Genesis 28,10–22
Jakob schaut die Himmelsleiter 186

David Warren Sabean
Ein Prophet im Dreißigjährigen Krieg 188

Christian Morgenstern
Wir fanden einen Pfad 194

SIEBTER CHOR DER ENGEL: GOTTESSTREITER

Künstler, Kämpfer, Kirchen 195

1
Zwischen Jabbok und Gethsemani

István Szabò / Glenn Close
Warten auf den Kuß des Engels 196

Genesis 32,23–33
Jakob am Jabbok 197

Paul Gauguin
Vision nach der Predigt –
Oder: Jakobs Kampf mit dem Engel 200

Gundolf Winter
Gauguins Wallfahrt nach Nizon 200

Ernst Jünger
Jakobs nächtlicher Ringkampf 202

Franz Kafka
Tagebucheintragung vom 25. 6. 1914 203

Rainer Maria Rilke
Der Ölbaum-Garten 205

Lukas 22,39–46
Im Garten Gethsemani 205

2
Der Erzengel Michael

Apokryphe Schrift der Juden –
„Das Leben Adams und Evas“:
Satan erinnert sich 206

Offenbarung 12,1–18
Ein Kampf im Himmel 207

Johann Sebastian Bach
Der unerschaffne Michael 207

Peter Härtling
Eine Predigt zum Michaelissonntag 1991 208

Otto Riedel
Anrufung 1939 211

3
Kirchliche Lehren

Aurelius Augustinus
Was Engel wissen 212

Dionysios Areopagita
Die Himmlischen Hierarchien 212

Johannes Damascenus
Das Wesen der Engel 214

Robert Gernhardt
Wieviele Engel auf einer Nadelspitze
Platz haben 216

Karl Markus Michel
Vom Leib der Engel –
Kurzer Lehrgang der Angeologie 217

ACHTER CHOR DER ENGEL: WERDEN WIE DIE ENGEL

Sterben, Tod, Gericht 223

1
Erwartungen

Werner Fritsch
Cherubim 224

Heinrich Heine
An die Engel 224

Anna
Was ich mal werden möcht, ist Engel 225

Charlotte Brontë
Jane Eyre 225

2
Sterbeerfahrungen

Persisches Märchen
Der Engel des Todes 228

Jean Paul
Tod eines Engels 230

Elisabeth Kübler-Ross
Schutzengel der Sterbenden 233

Johann Wolfgang von Goethe
Fausts Grablegung 234

3
Gerichtstag im Himmel

Friedrich Hölderlin
Das Erinnern 237

Isaac Leib Perez
Bonzie Schweig 237

Born Judas
Josua ben Levi und der Bote des Todes 242

Rafael Alberti
Tod und Urteil 243

Georg Trakl
De Profundis 246

Clemens Brentano
Schwanenlied 246

NEUNTER CHOR DER ENGEL: HALLELUJA IN EWIGKEIT

Singen, Schauen, Jubeln 247

1
Auferstehung

Lukas 24,1–12
Das leere Grab 248

Apostelgeschichte 1,1–14
Himmelfahrt 249

Rose Ausländer
Die Auferstandenen 249

2
Der zehnte Engelchor

Wolfram von Eschenbach
Willehalm 252

Hans-Werner Schroeder
Mensch und Engel wieder vereint 252

3
Augenblicke aus Ewigkeit

Fioretti
Franz von Assisi und der Engel
mit der Geige 255

Hildegard von Bingen
Die Flügel des Glaubens 257

Rainer Maria Rilke
Aus den Duineser Elegien 260

Else Lasker-Schüler
Mein blaues Klavier 263

4
Ein himmlisches Leben

Bairisches Volkslied
Der Himmel hängt voller Geigen 266

Joé Snell
Im Himmel – Vision einer Krankenschwester 267

Hans-Werner Schroeder
Die neun Hierarchien 272

Johann Wolfgang von Goethe
Fausts Himmelfahrt 273

DANKSAGUNG 273

BILDNACHWEIS 276

TEXTQUELLEN 278

PRÄLUDIUM

„Engel des Hauses kommt!" rief Friedrich Hölderlin vor zweihundert Jahren. Jetzt sind sie zur himmlischen Freude der Kinder und Künstler in großer Zahl erschienen. ‚Das große Buch der Engel' ist ein vielstimmiger Hymnus auf das Leben und die erste umfassende Dokumentation einer unendlichen Liebesgeschichte der himmlischen Art.
Mit heiterem Ernst begleiten Engel das menschliche Leben von seinem Ursprung durch die Welt ins Ewige Leben. Sichtbar oder unsichtbar: Engel stehen uns zur Seite. Sie sind Boten von Gottes Gegenwart und bringen das menschliche Leben zur Sprache.
Ein großes Buch der Engel ist mehr als eine Anthologie, versammelt nicht nur Gedichte, Geschichten, Lieder und Bilder über Engel. Es leistet Aufklärung über eine von Kirche und Theologie oftmals verdrängte, verschwiegene oder verkannte Form anschaulicher, erfahrungsoffener und lebenspraller Religiosität. Seine Leser und Leserinnen will es in leidenschaftliche himmlische Affären verstricken.
‚Das große Buch der Engel' ist ein spirituelles Meditationsbuch, eine Einübung in die verdichtete Theologie, eine Sehschule für die Wirklichkeit hinter und in den Dingen. Es ist zugleich ein kultur- und religionsgeschichtliches Lesebuch, das in weitgespanntem Bogen den ‚himmlischen Flugverkehr' als Hauptstrom der abendländischen Überlieferung in Bibel, Kunst und Weltliteratur aufzeigt. Zu vielstimmigem Gesang sind hier in exemplarischer Auswahl alle Dichter und Gottesfreundinnen versammelt, die „englische" Beziehungen gehabt haben.
In Gottes Haus ist Platz für viele Wohnungen. Die Hausbegehung führt von Augustin zur Anthroposophie, von der Esoterik zu Hildegard von Bingen, von Rose Ausländer zu Garcia Marquez, von Hans Henny Jahnn zu Charles Bukowski, von Borges zu Chagall, von Heine zu Benn, von Marius Müller-Westernhagen zu Martin Luther, von Goethes „Faust" zu Rilkes „Duineser Elegien", von Walter Benjamin zu Peter Härtling. So wird erfahrbar, wie Dichter und religiöse Genies, Künstler und Künder das menschliche Leben im Angesicht der Engel zur Sprache gebracht haben.
Engel sind Boten der Jahrtausendwende. In Zeiten des geistigen und religiösen Umbruchs erscheinen sie, um Menschen neue Orientierung zu schenken. Sie sind Begleiter auf dem Lebensweg. Der Erzengel Gabriel kündigte die Geburt Jesu an. Jetzt, unmittelbar vor der zweitausendsten Wiederkehr des Geburtstages Jesu öffnen sich viele Menschen den himmlischen Boten. Eine neue Zeit steht bevor.
Engel sind von Berufs wegen Pendler zwischen den Welten. Als Gottes direkte Eingreiftruppe bringen sie Menschen in Bewegung. In ihrer himmlischen Heimat lieben sie jedoch die Ordnung. In neun Chören erklingt dort ihr Singen und Sagen. Deshalb spiegelt der Aufbau dieses Buches die himmlische Gesangsordnung in neun Kapiteln wieder. Sie orientieren sich am Lebenslauf des Menschen und den Lebensaltern der Welt.
Die Gestalt der Engel, ihr schillerndes Wesen, ihr Grenzgängertum zwischen Himmel und Erde hat zu allen Zeiten die großen Künstler des Abendlandes herausgefordert. Jedes Bild ist der Versuch einer Annäherung an die Gestalt der Engel, in jedem Bild verbirgt sich ein Lebensschicksal. Deshalb sind die Farbtafeln mehr als Illustration von Texten. Im Bild verborgen ist das Geheimnis der Gotteserfahrung, ins Bild gesetzt ein Augenblick, als sich der Himmel öffnete und der Grund des Lebens aufschien.

Solschen, im Marienmonat Mai 1994

Uwe Wolff

ERSTER CHOR
DER ENGEL: IM ANFANG

GOTT, ENGEL, MENSCH –
WELTEN IM WERDEN

„Kor, der Engel, erwacht"

Karla Schneider

Erinnerung an den Morgenglanz der Geistesfrühe. Ein deutsches Weihnachtslied, darin der Vers: „Bald ist Heilige Nacht, Chor der Engel erwacht." Was ist ein Chor der Engel? denkt das Mädchen. Vom himmlischen Gesang der Engelchöre hat ihm die Mutter nichts zu erzählen gewußt. Es hört einen Namen aus dem Lied heraus: Kor, der Engel, sei erwacht.
Engel singen im Chor. Vielleicht gibt es unter ihnen einen mit dem Namen Kor. Wer weiß es? Im Chorgesang ist jede Stimme wichtig, keine darf fehlen, und nur alle zusammen bilden eine Einheit, bringen die Vielfalt der Schöpfung zum Klingen. Vielstimmigkeit bedeutet Toleranz, geistige Beweglichkeit statt dogmatischer Erstarrung, Vielstimmigkeit ist Einheit in der Vielfalt, aber auch Ordnungssinn, Orientierung und ein Gespür für den rechten Augenblick, wo der Einsatz der eigenen Stimme gefragt ist. Neun Chöre haben Mystikerinnen geschaut, und jeder Engelchor war ihnen ein Gleichnis für Gottes Schöpfung.
Der erste Chor der Engel bringt Stimmen zu Gehör, die vom Anfang der Welt, der Erschaffung der Engel und Menschen singen. Fromme und fröhliche, kirchliche und ketzerische: der folgenschwere Mythos vom Sturz der Engel, Engel als Geburtshelfer und Kosmonauten, als Wächter vor dem verlorenen Paradies. Anfang, eine Welt im Werden, die Zeit läuft, der Raum öffnet sich. Paradies und Uterus werden verlassen. Das Leben jenseits von Eden beginnt …

1 FLAMMEND IN HEILIGER LIEBE

DIE SCHÜLERENGEL

RAFAEL ALBERTI

Keiner von uns verstand das nächtliche Geheimnis
der Wandtafeln
noch warum das Sphäroid der Himmelskörper
in Begeisterung geriet wenn wir es nur
anblickten.
Wir wußten einzig daß eine Kreislinie nicht
rundlich sein kann
und daß eine Mondfinsternis die Blumen verwirrte
und die Uhr der Vögel beschleunigte.

Keiner von uns verstand etwas:
nicht warum unsere Finger aus chinesischer
Tusche waren
und der Abend die Zirkel zusammenlegte um in
der Frühe Bücher aufzuschlagen.
Wir wußten einzig daß eine Gerade, wenn sie nur
will, krumm sein kann oder gebrochen
und daß die umherirrenden Sterne Kinder sind die
die Arithmetik ignorieren.

DIE SONNE TÖNT NACH ALTER WEISE

JOHANN WOLFGANG VON GOETHE

Raphael:
Die Sonne tönt nach alter Weise
In Brudersphären Wettgesang,
Und ihre vorgeschriebne Reise
Vollendet sie mit Donnergang.
Ihr Anblick gibt den Engeln Stärke,
Wenn keiner sie ergründen mag;
Die unbegreiflich hohen Werke
Sind herrlich wie am ersten Tag.

Gabriel:
Und schnell und unbegreiflich schnelle
Dreht sich umher der Erde Pracht,
Es wechselt Paradieseshelle
Mit tiefer, schauervoller Nacht;
Es schäumt das Meer in breiten Flüssen
Am tiefen Grund der Felsen auf,
Und Fels und Meer wird fortgerissen
In ewig schnellem Sphärenlauf.

Michael:
Und Stürme brausen um die Wette,
Vom Meer aufs Land, vom Land aufs Meer,
Und bilden wütend eine Kette
Der tiefsten Wirkung ringsumher.
Da flammt ein blitzendes Verheeren
Dem Pfade vor des Donnerschlags;
Doch Deine Boten, Herr, verehren
Das sanfte Wandeln Deines Tags.

Zu drei:
Der Anblick gibt den Engeln Stärke,
Da keiner Dich ergründen mag,
Und alle Deine hohen Werke
Sind herrlich wie am ersten Tag

ERSCHAFFUNG UND FALL DER ENGEL

AURELIUS AUGUSTIN

Ich möchte nunmehr vom Ursprung der heiligen Stadt sprechen. Da wird zunächst, meine ich, von den heiligen Engeln zu handeln sein, die einen großen Teil ihrer Bewohner ausmachen und deshalb um so seliger sind, weil sie niemals in der Fremde pilgern mußten. Ich will, was die göttlichen Zeugnisse hierfür an die Hand geben, soweit es nötig zu sein scheint, mit Gottes Hilfe zu erläutern suchen. Wo die Heilige Schrift von der Erschaffung der Welt spricht, teilt sie nicht unzweideutig mit, ob und wann die Engel geschaffen sind. Doch wenn sie nicht überhaupt übergangen sind, dann sind sie entweder mit dem Worte „Himmel" gemeint, nämlich da, wo es heißt: „Im Anfang schuf Gott Himmel und Erde", oder wohl noch eher mit jenem Lichte, von dem ich schon sprach. Daß sie aber nicht übergangen sind, schließe ich daraus, daß geschrieben steht, Gott habe am siebten Tage von allen seinen Werken geruht, während das Buch selber mit den Worten beginnt: „Im Anfang schuf Gott Himmel und Erde", so daß angenommen werden muß, er habe vor Himmel und Erde nichts anderes geschaffen. Da er also mit Himmel und Erde anfing und die Erde, wie er sie ursprünglich schuf, nach den folgenden Worten der Schrift „wüst und leer" war und vor Erschaffung des Lichtes Finsternis über dem „Abgrund", das heißt einer ungesonderten Mischung von Erde und Wasser, lag – denn wo kein Licht, da ist notwendig Finsternis –, und da sodann alles nacheinander hervorgebracht wurde, was nach dem Schöpfungsbericht in den sechs Tagen vollendet wurde, wie sollten da wohl die Engel übergangen sein, als gehörten sie nicht zu den Werken Gottes, von denen er am siebten Tag ruhte?
Daß aber die Engel Gottes Werk sind, ist an dieser Stelle zwar wohl nicht übergangen, aber doch auch

nicht ausdrücklich gesagt. Anderswo jedoch bezeugt es die Schrift mit klarsten Worten. Denn in dem Lobgesang der drei Männer im feurigen Ofen heißt es zunächst: „Preiset den Herrn, alle seine Werke", und bei Aufzählung dieser Werke werden auch die Engel genannt, und im Psalme singt man: „Lobet im Himmel den Herrn, lobet ihn in der Höhe! Lobet ihn, alle seine Engel, lobet ihn, all sein Heer! Lobet ihn, Sonne und Mond, lobet ihn, alle leuchtenden Sterne! Lobet ihn, Himmel der Himmel, und die Wasser, die überm Himmel sind! Die sollen loben den Namen des Herrn, denn er sprach, da entstanden sie; er gebot, da wurden sie geschaffen."

Auch hier also ein offenkundiges göttliches Zeugnis, daß die Engel von Gott geschaffen sind. Denn sie werden unter den übrigen himmlischen Wesen erwähnt, und dann heißt es von allen: „Er sprach, da entstanden sie." Wer wird auch auf die Vermutung kommen, die Engel seien erst nach alledem, was im Sechstagewerk aufgezählt wird, erschaffen worden? Auch wenn jemand so töricht wäre, wird doch dieser Unverstand durch ein Schriftwort von gleichem Gewicht zurückgewiesen, wo nämlich Gott erklärt: „Als die Sterne geschaffen wurden, da lobten mich mit lauter Stimme alle meine Engel." Die Engel waren also schon da, als die Sterne geschaffen wurden. Diese aber wurden am vierten Tage geschaffen. Sollen wir also sagen, sie seien am dritten Tage geschaffen? Keineswegs. Denn wir hören ja, was an jenem erschaffen worden ist. Da ward von dem Wasser die Erde geschieden, nahmen diese beiden Elemente ihre besondere Gestalt an und brachte die Erde die in ihr wurzelnden Gewächse hervor. Oder am zweiten? Auch das nicht. Denn an ihm ward die Feste geschaffen zwischen den oberen und unteren Wassern und Himmel genannt, an welcher dann am vierten Tage die Gestirne erschaffen wurden. Wenn also die Engel zu den Gotteswerken jener Tage gehören, dann sind sie das Licht, das den Namen Tag empfing, dessen Einmaligkeit dadurch hervorgehoben wird, daß er nicht der erste Tag heißt, sondern „der eine". So ist denn der zweite Tag nicht etwa ein anderer, oder der dritte und die übrigen, sondern jener eine wurde, um die Sechs- oder Siebenzahl vollzumachen, wiederholt, um der siebenmaligen Erkenntnis willen, nämlich der sechsmaligen der Werke Gottes und einer siebten der Ruhe Gottes. Denn als Gott sprach: „Es werde Licht", und es ward Licht, sind die Engel, falls mit Recht bei diesem Licht an ihre Erschaffung zu denken ist, unfraglich des ewigen Lichtes teilhaftig geworden, nämlich der unwandelbaren Weisheit Gottes, durch welche alles geschaffen ward, die wir den eingeborenen Sohn Gottes nennen.

So wurden sie, erleuchtet von dem Lichte, das sie schuf, selbst Licht und hießen Tag, da sie an dem unwandelbaren Lichte und Tage Anteil haben, nämlich dem Worte Gottes, durch welches sie selbst und alles übrige erschaffen wurden. Denn „das wahre Licht, welches alle Menschen erleuchtet, die in diese Welt kommen", erleuchtet auch alle reinen Engel, so daß sie ein Licht sind, nicht in sich selbst, sondern in Gott. Wenden sich die Engel von ihm ab, werden sie unrein wie alle die, welche man unreine Geister nennt, und sind nun nicht mehr ein Licht in dem Herrn, sondern in sich selbst Finsternis und von der Teilnahme am ewigen Licht geschieden. Denn das Böse hat kein Wesen, vielmehr wird der Verlust des Guten böse genannt. (...) Die Dunkelheit des göttlichen Wortes ist auch insofern nutzbringend, als sie mehrere wahre Auffassungen hervorruft und ins Licht der Erkenntnis treten läßt, da der eine es so, der andere anders versteht. Dabei muß freilich der Sinn, den man in dunklen Stellen findet, entweder durch das Zeugnis offenkundiger Tatsachen oder durch andere unzweideutige Schriftstellen bestätigt werden. Dann wird entweder eine der vielen vorgebrachten Deutungen die Meinung des Schriftstellers treffen, oder, wenn diese auch verborgen bleibt, werden doch beim Eindringen in das tiefe Dunkel andere Wahrheiten ans Licht gezogen. So scheint es mir eine Auslegung zu sein, die den Werken Gottes gerecht wird, wenn man, wie bereits dargelegt, bei dem ersterschaffenen Lichte an die Erschaffung der Engel denkt und bei den Worten „Gott schied das Licht von der Finsternis und nannte das Licht Tag und die Finsternis Nacht" an die Scheidung zwischen den heiligen und unreinen Engeln. Denn diese Scheidung konnte nur er vornehmen, der schon vor ihrem Fall vorherzusehen vermochte, daß sie fallen und, des Lichtes der Wahrheit beraubt, in der Finsternis des Hochmutes verharren würden. Denn zwischen dem Tage und der Nacht, wie sie uns vertraut sind, also zwischen irdischem Licht und irdischer Finsternis, sollten nach seinem Befehlswort die unsern Sinnen wahrnehmbaren Himmelslichter unterscheiden.

2 „IM ANFANG SCHUF GOTT …“
Aus der Bibel des Matteo de Planisio, um 1362.

„Es seien“, sprach Gott, „Lichter an der Feste des Himmels, daß sie leuchten auf Erden und scheiden zwischen Tag und Nacht“, und ein wenig später: „Und Gott machte zwei große Lichter, ein größeres Licht, das den Tag regiere, und ein kleineres Licht, das die Nacht regiere, dazu auch Sterne. Und Gott setzte sie an die Feste des Himmels, daß sie leuchteten auf Erden und den Tag und die Nacht regierten und schieden Licht und Finsternis.“ Zwischen jenem Lichte aber, nämlich der heiligen Schar der Engel, die im Glanze der Wahrheit überirdisch leuchtet, und der ihr entgegengesetzten Finsternis, nämlich den verdüsterten Geistern der vom Licht abgefallenen bösen Engel, konnte nur er scheiden, dem auch das künftige, nicht durch die Natur, sondern den Willen verursachte Böse weder verborgen noch ungewiß sein konnte. (…)

Daß aber manche Engel gesündigt haben und in diese untere Welt verstoßen wurden, die für sie eine Art Kerker ist, bis sie künftig am Tage des Gerichts endgültig verdammt werden, das hat der Apostel Petrus klar verkündet, wo er sagt, daß Gott die sündigen Engel nicht verschont, sondern sie verstoßen und den finsteren Kerkern der Unterwelt übergeben hat, um sie zur Strafe des Gerichts aufzubewahren. Wer zweifelt daran, daß Gott zwischen diesen und den anderen in Voraussicht und Tat geschieden hat? Wer bestreitet, daß die letzteren mit Recht Licht genannt werden? Werden doch auch wir, die wir noch im Glauben leben und Gleichheit mit ihnen erhoffen, aber noch nicht erlangt haben, vom Apostel bereits ein Licht genannt. „Denn ihr waret“, spricht er, „einstmals Finsternis, nun aber seid ihr ein Licht in dem Herrn.“ Daß aber jene abtrünnigen Engel treffend Finsternis genannt werden, muß jeder zugeben, der begreift oder doch glaubt, daß sie noch schlechter sind als ungläubige Menschen. Mag also immerhin an jener Stelle, wo wir lesen: „Gott sprach: Es werde Licht, und es ward Licht“, ein anderes Licht gemeint sein, und eine andere Finsternis, wo es heißt: „Gott schied zwischen dem Licht und der Finsternis“, so sehen wir sie doch vor uns, die beiden Engelscharen, die eine zum Genusse Gottes erhöht, die andere von Hochmut aufgebläht; die eine, zu der gesagt wird: „Betet ihn an, alle seine Engel“, die andere, deren Fürst spricht: „Das alles will ich dir geben, so du niederfällst und mich anbetest“; die eine flammend in heiliger Gottesliebe, die andere qualmend in unreiner Gier nach eigener Größe; die eine, dem Wort entsprechend: „Gott widersteht den Hoffärtigen, aber den Demütigen gibt er Gnade“, in des Himmels Himmel wohnend, die andere von da herabgeworfen und im niederen Lufthimmel sich herumtreibend; die eine in der Ruhe lichtheller Frömmigkeit, die andere im Aufruhr finsterer Leidenschaften; die eine auf Gottes Wink bald freundlich helfend, bald gerecht strafend, die andere auf eigene Faust erpicht, zu unterjochen und Schaden anzustiften; die eine, der Güte Gottes dienstbar, um voll Eifer Heil zu wirken, die andere von Gottes Macht im Zaun gehalten, um nicht voll Eifer Unheil anzurichten; die eine der andern spottend, weil deren Verfolgungen wider Willen bloß nützen, die andere den Spott mit Neid erwidernd, wenn jene ihre pilgernden Freunde heimholt.

Wir sehen sie vor uns, diese beiden Engelscharen, einander zu ungleich und entgegengesetzt, die eine in ihrem Wesen und Willen gut und recht, die andere wohl in ihrem Wesen gut, aber in ihrem Willen schlecht; wir sehen sie, wie sie in anderen helleren Zeugnissen der Schrift geschildert sind und wie wir sie auch in dem Genesis genannten Buche unter der Bezeichnung von Licht und Finsternis zu finden glaubten. Auch wenn vielleicht der Schriftsteller hier etwas anderes im Sinne hatte, war doch der Versuch, in die Dunkelheit seiner Rede einzudringen, nicht nutzlos, da wir ja, auch wenn wir die Absicht des Urhebers dieses Buches nicht ergründen konnten, von der Glaubensregel nicht abwichen, die den Gläubigern aus anderen dasselbe Ansehen genießenden Teilen der Heiligen Schrift hinreichend bekannt ist. Denn wenn hier auch bloß körperliche Werke Gottes erwähnt sein sollten, so haben sie doch unzweifelhaft mit den geistigen einige Ähnlichkeit, derzufolge der Apostel sagen kann: „Ihr seid allzumal Kinder des Lichtes und Kinder des Tages; wir sind nicht von der Nacht noch von der Finsternis.“ Wenn aber der Schriftsteller dasselbe gemeint hat wie wir, nun so hat unsere Untersuchung zu einem um so günstigeren Ergebnis geführt. Denn dann gewinnt man die Überzeugung, daß dieser mit solch überragender göttlicher Weisheit begabte Gottesmann, vielmehr der durch ihn redende Gottesgeist, bei Aufzählung der göttlichen Werke, die, wie er sagt, alle am sechsten Tage vollendet wurden, die Engel keineswegs übergangen hat, und es kommt auf dasselbe hinaus, ob man bei den Worten: „Im Anfang schuf Gott Himmel und Erde“ das „im Anfang“ als „zu-

3 „UND SIEHE, ES WAR ALLES SEHR GUT ..."
Aus der Bibel des Matteo de Planisio, um 1362.

erst" versteht, oder, was zutreffender sein dürfte, in dem Sinne, daß Gott in seinem eingeborenen Worte schuf. Mit den Worten Himmel und Erde aber ist die ganze Schöpfung bezeichnet, entweder, was wahrscheinlicher ist, die geistige und körperliche, oder nur die beiden großen Teile der irdischen Welt, in denen alles, was geschaffen ward, enthalten ist. In diesem Falle wäre zuerst das Ganze genannt, sodann auch seine Teile nach der geheimnisvollen Zahl der Tage aufgeführt. (...)

Jene Unsterblichen und Seligen aber auf himmlischen Thronen, die an ihrem Schöpfer teilhaben und durch seine Ewigkeit gefestigt, durch seine Wahrheit gewiß, durch seine Gnadengabe heilig sind, sie wollen es mit Recht nicht, da sie uns Sterbliche und Elende mitleidig lieben und uns gleichfalls Unsterblichkeit und Seligkeit wünschen, daß wir ihnen opfern. Sondern dem sollen wir opfern, dessen Opfer sie, wie sie wissen, selber sind samt uns. Denn zusammen mit ihnen bilden wir den einen Gottesstaat, von dem es im Psalm heißt: „Herrliche Dinge werden von dir gepredigt, du Stadt Gottes." Davon sind wir der eine Teil, der noch auf Erden pilgert, jene der andere, der uns hilfreich beisteht. Denn aus der oberen Stadt, wo Gottes Wille das geistige und unwandelbare Gesetz ist, aus jener oberen Ratsversammlung, wie man sie nennen kann – denn von dort soll uns Rat kommen – stieg hernieder zu uns durch den Dienst der Engel die Heilige Schrift, in der wir lesen: „Wer den Göttern opfert und nicht dem Herrn allein, der soll ausgerottet werden." Diese Schrift, dies Gesetz, diese Gebote werden durch so große Wunder bezeugt, daß klar genug zutage tritt, wem wir nach dem Willen der Unsterblichen und Seligen, die uns das gleiche wünschen wie sich selber, opfern sollen.

2 OB ENGEL MIT WEIBERN FLEISCHLICHEN UMGANG HABEN KÖNNEN

ENGLISCHE KÜSSE IM SCHATTEN DER ÖLBÄUME

LEO PERUTZ

In den Nächten des Neumonds stieg aus den himmlischen Bereichen ein „Maggid", ein lehrender Engel, nieder und trat in die Kammer des hohen Rabbi, den man die Krone und das Diadem nannte und den Feuerbrand und den Einzigen seiner Zeit. Er war gesandt, dem hohen Rabbi die verborgenen Dinge der oberen Welt zu offenbaren, die kein Lebender zu ergründen vermag. Und ihrer sind viele. Der Engel kam nicht in menschlicher Gestalt. Nichts an ihm war so geschaffen, wie es die Augen der Menschen zu sehen gewohnt sind. Doch war er von großer Schönheit.

„In den Zeichen, aus denen Ihr die Worte formt", belehrte er den hohen Rabbi, „sind die großen Kräfte und die Gewalten beschlossen, die die Welt in ihrem Gang erhalten. Und wisse, daß alles, was auf Erden zu Worten geformt wird, seine Spuren in der oberen Welt hinterläßt. Aleph, das erste der Zeichen, trägt die Wahrheit in sich. Beth, das zweite, die Größe. Ihr folgt die Erhebung. Die Herrlichkeit der Gotteswelt birgt das vierte Zeichen in sich und das fünfte die Kraft des Opfers. Das sechste ist das Erbarmen. Nach ihm kommt die Reinheit, dann das Licht. Das Eindringen und Erkennen. Die Gerechtigkeit. Die Ordnung in den Dingen. Die ewige Bewegung. Doch das letzte in der Reihe der Zeichen ist das erhabenste. Es ist das Taph, mit dem der Sabbat scheidet. In ihm ist das Gleichgewicht der Welt beschlossen, zu dessen Hütern die fünf Engel der höchsten Heiligkeit bestellt sind: Michael, der Herr des Gesteins und der Metalle, Gabriel, der über Mensch und Tier gesetzt ist, Rafael, dem die Gewässer gehorchen, Feliel, dem das Gras und alle Gewächse überantwortet sind, und Uriel, der über das Feuer gebietet. Sie wachen über das Gleichgewicht der Welt, und du, Leichtfertiger, ein Sandkorn, ein Sohn des Staubes, hast es dereinst gestört."

„Ich weiß es, Asael", sagte der hohe Rabbi zu dem lehrenden Engel, und seine Gedanken flogen zu dem Tag zurück, an dem der römische Kaiser auf seinem weißen Zelter in die Judenstadt geritten war. Er, der hohe Rabbi, hatte ihn mit der Thora in den Händen erwartet und die Worte des Priestersegens über ihn gesprochen. Und just diesen Ort und diese Stunde hatte ein Vertrauter des Kaisers, der Wuk von Rosenberg, der dem höchsten böhmischen Adel angehörte, ausersehen, um einen Anschlag auf das Leben des Kaisers zu verüben, denn er mißgönnte ihm die böhmische Krone. Einer seiner Diener hielt sich auf dem Dach eines Judenhauses verborgen. Er hatte aus dem Gemäuer einen schweren Stein gelöst, den ließ er, als die Trompeten erklangen und ringsum Jubel ausbrach, auf solche Art aus der Höhe fallen, daß er das Haupt des Kaisers treffen mußte. Und ohne sich zu vergewissern, welchen Ausgang die Sache nahm, eilte er sogleich hinab, um sich in Sicherheit zu bringen und um in den Gassen der Altstadt auszusprengen, die Juden hätten einen verräterischen und meuchlerischen Anschlag auf die Majestät verübt.

Doch der hohe Rabbi hatte den Stein, der aus der Höhe fiel, gewahrt. Und mit der Gewalt, die ihm verliehen war, hatte er ihn in ein Schwalbenpaar verwandelt, das über dem Haupt des Kaisers dahinglitt, sich in die Höhe schwang und in den Lüften sich verlor.

Der Engel war den Gedanken des hohen Rabbi vorausgeeilt. Er sprach:
„Als du aus einem toten Stein die Schwalben schufst, hast du in den Plan der Schöpfung eingegriffen und das Gleichgewicht der Welt gestört. Das Lebende in der Welt überwog das Tote. Du hast Michaels Herrschaftsbereich gemindert und den des Engels Gabriel gemehrt. So ist unter den fünf Engeln der höchsten Heiligkeit Zwietracht entstanden, denn auch die Engel Rafael, Uriel und Feliel ergriffen Partei und mengten sich in den Streit. Und hätte dieser Streit um ein weniges länger gewährt, dann hätten sich auf Erden die Flüsse und Ströme wider ihren Lauf erhoben, die Wälder hätten vor ihren Stätten und Gründen sich bewegt, und die Berge wären in Trümmer gefallen. Die Welt wäre untergegangen wie Sodom, das der Finger Gottes berührt hat."
Er nannte Gott bei dem neunten seiner Namen, der da lautet: Shadai.
„Doch der Streit nahm ein Ende", fuhr der Engel fort. „Denn die Erzväter, Abraham, Isak und Jakob, erhoben sich und traten zusammen und vereinigten sich in einem Gebet. Und dieses Gebet, zu dritt verrichtet, hat solche Urkraft, daß es das Ungeschehene geschehen und das Geschehene ungeschehen zu machen vermag. So war das Gleichgewicht der Welt wiederhergestellt, und die Eintracht kehrte in den Chor der Engel zurück."
„Ich weiß es, Asael. Ich trage das Joch meiner zwiefachen Schuld", sagte der hohe Rabbi, und er gedachte des Tages, an dem er, um des Kaisers willen, ein zweites Mal in Schuld gefallen war.
Auf seinem Ritt in das Judenquartier hatte der Kaiser in der Menschenmenge, die sich rechts und links von ihm in den Gassen drängte, ein Gesicht gesehen, das nahm ihn gefangen und ließ ihn nicht frei, und er wußte, daß es immer in seinem Herzen bleiben werde. Es war, so schien es ihm, eines jungen Kindes, eines Judenmädchens Antlitz. Sie stand an die Säule eines Portals geschmiegt, ihre großen Augen waren auf ihn gerichtet, ihr Mund war halb geöffnet, die braunen Locken fielen ihr in die Stirne. Und wie seine Augen sich von den ihren lösten, wie er weiterritt und sie zurückblieb, kam eine Traurigkeit über ihn, und er wußte, daß er in Liebe gefallen war.
Er wandte sich und gab seinem Diener, der hinter ihm im Zuge ritt, den Auftrag, zurückzubleiben, sich in der Nähe dieses Mädchens zu halten und ihr zu folgen, wohin immer sie ginge, denn er war entschlossen, zu erfahren, wer diese Schöne war und wo sie wiederzufinden sei.
Der Diener tat, wie ihm geheißen war. Er blieb zurück, versorgte sein Pferd und ging dann, als die Menge sich zu verlaufen begann, hinter dem Mädchen her in das Judenquartier. Sie ging, als hätte sie es eilig, nach Hause zu kommen, sie blickte nicht nach rechts und links, sie sah sich auch nicht um, und da es zu dunkeln begann, hielt sich der Diener dicht hinter ihr. Doch in einer der

4 HIMMLISCHER HOFSTAAT
Aus dem Visconti-Stundenbuch, um 1430.

Gassen, die zum Dreibrunnenplatz führten, wollte es sein Mißgeschick, daß sich etliche Straßenhändler, die jetzt mit ihren Lichtern und Lämpchen durch die Judenstadt zogen, ihm in den Weg stellten, um ihm ihre Waren anzupreisen, und als er sich von ihnen losgemacht hatte, sah er das Mädchen nicht mehr vor sich, sie war verschwunden, und sein Suchen nach ihr blieb vergeblich. Und so vermochte er dem Kaiser nichts Besseres zu berichten, als daß er sie in der Judenstadt aus den Augen verloren habe.

Anfangs meinte der Kaiser, es könne nicht schwer sein, das Mädchen wiederzufinden, gelänge es nicht heute, so werde es morgen gelingen, und so ging der Diener auf sein Geheiß alle Tage in die Judenstadt, strich durch die Gassen und spähte umher, doch das schöne Mädchen ließ sich nicht mehr sehen.

Und wie die Zeit dahinlief, schwand die Hoffnung des Kaisers, daß er die Geliebte wiederfinden werde. Es schien ihm, als wäre sie ihm für immer verloren. Doch konnte er ihr Antlitz nicht vergessen und nicht die Augen, die die seinen gesucht hatten. Schwermut kam über ihn, und nicht tagsüber und nicht des Nachts fand er Ruhe und Trost. Und da er keinen Rat wußte, wie ihm geholfen werden könnte, ließ er den hohen Rabbi zu sich rufen.

Ihm berichtete er von dem Judenmädchen, das er auf seinem Weg ins Judenquartier gesehen habe. Er wisse nicht – klagte er –, wie ihm geschehen sei, er könne sie nicht vergessen, Tag und Nacht sei sie in seinem Sinn. Er malte mit Worten das Antlitz, das ihn bedrängte, und der hohe Rabbi erkannte, daß der Kaiser die junge Esther gesehen hatte, die Frau des Mordechai Meisl, die über alle Maßen schön war.

Er riet dem Kaiser, nicht länger an sie zu denken, denn es gäbe in dieser Sache keine Hoffnung für ihn. Sie sei eines Juden Eheweib und werde niemals eines anderen Mannes schuldig werden.

Doch der Kaiser achtete auf diese Worte nicht.

„Du wirst sie", befahl er dem hohen Rabbi, „zu mir auf die Burg bringen. Sie wird meine Liebste sein. Und laß mich nicht lange warten, das könnt' ich nicht ertragen. Allzulange schon hat sie mich warten lassen. Und ich will keine andere, ich will nur sie."

„Es kann nicht sein", sagte der hohe Rabbi. „Sie wird sich nicht gegen Gottes Gebot vergehen. Sie ist eines Juden Weib und wird keines anderen Mannes Liebste werden."

Als der Kaiser sah, daß der hohe Rabbi ihm wiederum widersprach und ihm nicht helfen wollt', kam wie ein Gewittersturm der Zorn über ihn, und er schwur einen Eid:

„Wenn ich bei dir keinen Gehorsam finde und keine Liebe bei der, an die ich immer denke, dann will ich die Juden allesamt als ein ungetreues Volk aus meinen Königreichen und Ländern vertreiben, das ist mein Wille und mein Beschluß, und das werde ich tun, so wahr mir Gott helfe!"

Da ging der hohe Rabbi, und er pflanzte am Ufer der Moldau unter der steinernen Brücke, vor den Blicken der Menschen verborgen, einen Rosenstrauch und einen Rosmarin. Und über beide sprach er die Worte des Zaubers. Da öffnete sich eine rote Rose an dem Rosenstrauch, und die Blüte des Rosmarins strebte zu ihr hin und schmiegte sich an sie. Und jede Nacht flog die Seele des Kaisers in die rote Rose und die Seele der Jüdin in die Blüte des Rosmarins.

Und Nacht für Nacht träumte der Kaiser, er halte seine Geliebte, die schöne Jüdin, umschlungen, und Nacht für Nacht träumte die Esther, die Frau des Mordechai Meisl, sie läge in den Armen des Kaisers.

Die Stimme des Engels rief den hohen Rabbi aus seinem Sinnen. In ihr klang Unwille und Vorwurf.

„Du hast", sprach der Engel, „die Blüte des Rosmarins gebrochen. Doch die rote Rose brachst du nicht!"

Der hohe Rabbi erhob sein Angesicht.

„Nicht an mir ist es", sagte er, „das Herz der Könige zu wägen, nicht an mir, zu prüfen, welche Schuld in ihm ist. Nicht ich habe in die Hände der Könige die Macht gelegt. Wäre David ein Mörder und Ehebrecher geworden, wenn Er, der Heilige, ihm verstattet hätte, ein Hirte zu bleiben?"

„Ihr Menschenkinder", sprach der Engel weiter, „gar arm und voll von Kümmernissen ist euer Leben. Warum beschwert ihr es mit der Liebe, die euch den Sinn verstört und eure Herzen elend macht?"

Der hohe Rabbi blickte mit einem Lächeln zu dem Engel auf, der die geheimen Wege und Pfade der oberen Welt kannte, aber die Wege des Menschenherzens waren ihm fremd geworden.

„Sind nicht", sprach er zu ihm, „die Kinder Gottes,

als die Zeiten begannen, mit den Töchtern der Menschen in Liebe gewesen? Haben sie sie nicht an den Brunnen und Quellen erwartet und sie im Schatten der Ölbäume und Eichen mit dem Kuß ihres Mundes geküßt? War nicht Naema schön, die Schwester des Tubalkain, sahst du je wieder ihresgleichen?"
Der Engel Asael senkte sein Haupt, und seine Gedanken flogen zurück durch die Jahrtausende zum Urbeginn der Zeiten.
„Ja, sie war schön, Naema, die Schwester des Tubalkain, der die Spangen schmiedete und die goldenen Ketten", sagte er leise. „Schön war sie und lieblich. Schön war sie wie ein Garten in der Frühlingszeit um die Stunde, da der Morgen anbricht. Ja, sie war schön, die Tochter des Lameth und der Silla."
Und wie er der Geliebten seiner fernen Jugend gedachte, fielen zwei Tränen aus den Augen des Engels, die waren den Menschentränen gleich.

DIE ERZEUGUNG DER RIESEN

GENESIS 6,1–4

Als aber die Menschen sich zu mehren begannen auf Erden und ihnen Töchter geboren wurden,
da sahen die Gottessöhne, wie schön die Töchter der Menschen waren, und nahmen sich zu Frauen, welche sie wollten.
Da sprach der HERR: Mein Geist soll nicht immerdar im Menschen walten, denn auch der Mensch ist Fleisch. Ich will ihm als Lebenszeit geben hundertundzwanzig Jahre.
Zu der Zeit und auch später noch, als die Gottessöhne zu den Töchtern der Menschen eingingen und sie ihnen Kinder gebaren, wurden daraus die Riesen auf Erden. Das sind die Helden der Vorzeit, die hochberühmten.

DER BASEBALL-ENGEL

CHARLES BUKOWSKI

Wir hockten in unserem Büro, die Mannschaft hatte wieder 7:1 verloren, die Saison war bereits zur Hälfte rum und wir mit 25 Spielen im Keller, und ich wußte, dies würde meine letzte Saison als Manager der „Blues" sein. Unser erster *hitter* schaffte ganze 234, und unser erster *home-run*-Mann war bisher über 6 nicht hinausgekommen. Unser erster *pitcher* stand bei 7:10 mit einer durchschnittlichen Trefferquote von 3,95.
Old Man Henderson holte die Flasche aus der Schublade, goß sich seine Ration hinter die Binde und schob mir den Rest herüber.
„Und um den Braten fett zu machen", sagte er, „hab' ich mir vor 2 Wochen auch noch die Krätze geholt."
„Oje. Tut mir leid für Sie, Boß."
„Und Boß wirst du mich auch bald nicht mehr zu nennen brauchen."
„Ich weiß. Aber kein Baseball-Manager auf der Welt kann *diese* lahmen Krücken vor dem Abstieg retten", sagte ich und nahm einen langen Schluck aus der Flasche.
„Und was noch viel schlimmer ist", sagte Henderson, „ich glaub', meine eigene Frau hat mir die Krätze angehängt."
Ich wußte nicht, ob ich darüber lachen sollte oder nicht, also verhielt ich mich mal ruhig.
Jemand klopfte leicht an die Tür zu unserem Büro. Die Tür ging auf, und da stand dieser komische Typ mit Papierflügeln auf dem Rücken. Es war ein Junge von vielleicht 18 oder so. „Ich bin gekommen, um Ihrem Club zu helfen", sagte er.
Er hatte diese enormen Papierflügel an. Ein irres Huhn. Zwei Löcher hinten in seinem Anzug, da wo sie rauskamen. Die Flügel, meine ich. Sie waren auf seinem Rücken angeklebt. Oder angeschnallt, oder was weiß ich.

5 EIN RÄTSEL IST REINENTSPRUNGENES …
Gisela Röhn: Der Rhein, 1973.

„Hör mal", sagte Henderson, „mach bloß, daß du hier verschwindest! Wir haben schon beim normalen Spiel mehr als genug Affentheater auf dem Spielfeld, die Mannschaft ist uns heute komplett aus dem Stadion gelacht worden. Also raus mit dir, und zwar dalli!"
Der Junge griff sich die Flasche, nahm einen langen Schluck, stellte sie wieder vor uns hin und sagte: „Mr. Henderson, ich bin die Antwort auf all Ihre Probleme."
„Junge", sagte Henderson, „für das Gesöff hier bist du noch 'n bißchen zu jung."
„Ich bin älter, als ich aussehe", sagte der Junge.
„Und ich hab' was, da siehst du danach *noch* 'n bißchen älter aus!"
Henderson drückte auf den kleinen Knopf unter seiner Schreibtischplatte. Das bedeutete Bull Kronkite. Ich will nicht sagen, daß Bull schon mal richtig einen umgebracht hat, aber Sie können von Glück sagen, wenn Sie Ihren Krüllschnitt noch aus einem synthetischen Arschloch schmauchen können, nachdem er mit Ihnen fertig ist. Der Bull kam nach wenigen Sekunden rein & nahm gleich die halbe Türfüllung mit.
„Welcher isses, Boß?" fragte er, und seine klobigen Finger zuckten, während er sich im Zimmer umsah.
„Der schräge Vogel da mit den Papierflügeln", sagte Henderson.
Bull machte eine Bewegung.
„Rühr mich nicht an", sagte der Typ mit den Flügeln.

Bull stürzte sich auf ihn, UND SO WAHR MIR GOTT HELFE, der Kerl fing an zu FLIEGEN! Er flatterte im Zimmer rum, oben an der Decke entlang. Henderson und ich langten gleichzeitig nach der Flasche, aber der Alte war schneller als ich. Bull fiel auf die Knie: „Gott im Himmel steh mir bei! Ein Engel! EIN ENGEL!"

„Red keinen Stuß", sagte der Engel. „Ich bin kein Engel. Ich will einfach den Blues helfen. Bin schon immer ein Blues-Fan gewesen."

„Also gut. Komm runter. Reden wir mal über die Sache", sagte Henderson.

Der Engel (oder was immer es war) kam heruntergeflattert und landete auf einem Stuhl. Der Bull zog ihm mit zitternden Fingern Schuhe und Socken aus und fing an, ihm die Füße zu küssen.

Henderson beugte sich mit einem angewiderten Gesichtsausdruck nach vorn und spuckte dem Bull ins Gesicht: „Zieh Leine, du Knallkopp! Wenn ich eins nicht ausstehen kann, dann deine weinerliche Sentimentalität!" Bull wischte sich das Gesicht ab und verdrückte sich wortlos.

Henderson durchwühlte seine Schubladen.

„Shit, ich hab' doch hier mal Vertragsformulare gehabt ...!"

Beim Stöbern stieß er auf eine weitere Halbliterflasche, und während er die Zellophanhülle abriß, warf er dem Jungen einen Blick zu und fragte:

„Sag mal, kannst du 'ne Einwärtskurve schmettern? 'ne Auswärts –? Und wie steht's mit 'nem *slider*?"

„Keine Ahnung", sagte der Kerl mit den Flügeln, „ich hab' mich die letzten Jahre 'n bißchen rar gemacht. Was ich weiß, hab' ich aus den Zeitungen und vom Fernsehen. Aber ich bin immer ein Blues-Fan gewesen, und diese Saison haben sie mir einfach leid getan."

„Dich rar gemacht, hm? WIE DENN? Ein Typ mit Flügeln kann sich doch nicht mal innem Fahrstuhl in der Bronx rar machen! Wie hast du denn das angestellt? Was für 'ne Masche hast du denn da geritten?"

„Mr. Henderson, ich möchte Sie mit den Einzelheiten nicht langweilen ..."

„Übrigens, wie heißt du eigentlich?"

„Jimmy. Jimmy Crispin. Oder einfach J. C."*

„Hey, was soll das? Willst du mich VERARSCHEN?"

„Aber nein, ganz bestimmt nicht, Mr. Henderson."

„Also. Die Hand drauf." Sie schüttelten sich die Hände.

* „Jaycee", gängige Abkürzung für Jesus Christus.

„Verdammt, du hast aber elend kalte Pfoten. Wann hast du denn zum letztenmal was gegessen?"

„Wieso? Heute mittag um vier. Hähnchen, Pommes frites und 'n Bier."

„Hm. Hier, nimm noch 'n Schluck."

Henderson wandte sich an mich. „Bailey?"

„Yeh?"

„Die komplette bescheuerte Mannschaft ist mir morgen früh Punkt zehn auf dem Spielfeld. Ohne Ausnahme. Ich hab' das Gefühl, wir haben hier das größte Ding seit der Atombombe. Und jetzt hauen wir uns erst mals aufs Ohr. Hast du was, wo du unterkriechen kannst, Junge?"

„Klar", sagte J. C., flatterte die Treppe runter und war verschwunden.

Wir hatten das Stadion dichtgemacht. Niemand drin außer dem Team. Und die, total verkatert, guckten den Kerl mit den Flügeln an und dachten, es handle sich um einen Werbegag. Oder 'ne Probe für einen. Die erste Mannschaft kam aufs Feld und der Junge auf die Platte. Ihr hättet sehen sollen, wie die ihre entzündeten Augen aufrissen, als der Junge einen *roller* die Third-Base-Linie runterschmetterte und dann zur First Base rüberFLOG! Dort machte er *touchdown*, und ehe der Third-Base-Mann den Ball aus den Händen kriegte, war der Junge schon weiter zur Second Base geflogen. Alles schwankte und torkelte durcheinander an diesem heißen Morgen. Um für ein Team wie die Blues zu spielen, mußte man schon ziemlich behämmert sein, aber das hier war noch mal was anderes.

Dann machte sich der *pitcher* fertig, um dem *bathoy*, den wir auf die Platte gestellt hatten, einen Ball zu verpassen, und J. C. flog runter zur Third Base! Er peste runter! Ihr hättet die Flügel nicht mal *gesehen*, selbst wenn ihr an dem Morgen noch Zeit gefunden hättet, zwei Alka Seltzer zu kippen. Und bis der Ball bei der Platte ankam, war unser Junge schon wieder eingeschwebt und hatte *home plate* berührt.

Wir fanden heraus, daß der Junge das *ganze* Outfield spielen konnte. Seine Geschwindigkeit war einfach unvorstellbar. Wir nahmen also die zwei anderen Outfielder einfach herein und stellten sie ins Infield. Damit hatten wir zwei *shortstops* und zwei Spieler auf Second Base. Und schlecht wie wir waren: *damit* waren wir ein irrer Gegner.

An diesem Abend sollten wir unser erstes Spiel mit Jimmy Crispin im Outfield abziehen.
Zu Hause hängte ich mich sofort ans Telefon und rief Bugsy Malone an.
„Bugsy, wie stehen die Wetten auf einen Pokalsieg der Blues?"
„Gibt keine Wetten. Die Tafel ist leer. Selbst bei 10 000:1 würde nicht mal der größte Idiot auch nur einen Cent auf die Blues setzen."
„Was gibst du mir?"
„Ist das dein Ernst?"
„Yeah."
„250:1. Was willst du setzen? Einen Dollar?"
„Tausend."
„TAUSEND? Also Menschenskind ... Moment mal ... ich ruf' dich in zwei Stunden zurück."
Das Telefon läutete nach einer Stunde und 45 Minuten.
„In Ordnung, ich nehm' dich rein, 'n Tausender kann ich immer brauchen."
„Thanks, Bugsy."
„Keine Ursache."

Das Spiel an jenem Abend werde ich nie vergessen. Alles dachte, wir hätten einen Affenzirkus auf die Beine gestellt, um die Ränge zu füllen; aber als sie sahen, wie Jimmy Crispin aufstieg und einen todsicheren *home run* einfing, der 5 Meter über den Zaun am linken *centerfield* gegangen wäre, da fing der Laden an zu laufen. Bugsy war neugierig geworden und runtergekommen, um sich die Geschichte anzusehen, und ich beobachtete ihn in seiner Loge. Als er sah, wie J. C. diesen Ball aus dem Himmel holte, fiel ihm seine Fünf-Dollar-Zigarre aus dem Mund. Aber in den Bestimmungen stand nichts, was es einem Mann mit Flügeln verbot, Baseball zu spielen; und damit hatten wir sie bei den Eiern. Und wie. Wir gewannen das Spiel mit der linken Hand. Crispin holte allein 4 Punkte. Die anderen kriegten aus unserem Infield nichts raus, und im Outfield gab's sowieso nichts für sie zu holen.
Und die Spiele danach. Die Zuschauermassen. Einen Spieler durch die Luft fliegen zu sehen, war an sich schon Anreiz genug; dazu kam noch, daß wir mit 25 Spielen im Keller waren und die Zeit langsam knapp wurde. Die Menge sieht es gern, wenn einer wieder von den Brettern hochkommt. Und die Blues waren groß im Kommen. Es war die Schau des Jahrhunderts.

LIFE kam an und bat Jimmy um ein Interview. TIME. LIFE. LOOK. Er hatte ihnen nichts zu erzählen. „Ich möchte bloß, daß die Blues die Meisterschaft gewinnen", sagte er.
Aber das war immer noch ein harter Brocken, allein von der mathematischen Seite, wenn man sich das Punktverhältnis ansah. Und wie im Illustriertenroman kam es am Ende auf das letzte Spiel der Saison an, wir lagen auf dem zweiten Platz, punktgleich mit den Bengals, und im Endspiel hieß es die Bengals oder wir. Für mich war die Sache ganz klar. Wir hatten, seit Jimmy in die Mannschaft gekommen war, kein einziges Spiel verloren. Und meine 250 000 Tausend Dollar waren zum Greifen nah.
Am Abend des Endspiels hockten wir im Büro, Old Man Henderson und ich. Wir hörten was draußen auf der Treppe, und dann fiel einer zur Tür rein, voll wie tausend Mann. J. C. Seine Flügel waren weg. Nur noch Stummel waren zu sehen.
„Sie ham mir meine gottverdammten Flügel abgesägt, die Drecksäcke! Sie ham 'ne Frau auf mich angesetzt, im Hotel. Und was für eine! Mann, was 'n Koffer! Und dann ham sie mir was in meine Drinks getan. Ich steig' also drüber, und da ham sie mir DIE FLÜGEL ABGESÄGT. Mann, ich konnt' mich doch da nicht mehr wehren. Was 'n Scheißspiel. Und die ganze Zeit hockt da dieser Typ im Zimmer, dicke Zigarre und so, und grient und kichert in einer Tour ... Gott, was 'n Klasseweib ... und ich konnte sie nicht mal ... oh, SHIT! ..."
„Na ja, Baby, du bist nicht der erste, dem 'ne Frau einen reingedrückt hat. Blutet das übrigens?" fragte Henderson.
„Nee, ist nur Knorpel und Knochen. Aber es tut mir so leid, daß ich euch so was angetan hab', daß ich die Blues im Stich gelassen hab'. Herrgott, ich könnt' mich dafür in den Arsch beißen ..."
Der tat sich leid, hm? Und mir waren gerade 250 Mille durch die Lappen gegangen.
Ich langte nach der Flasche und machte sie leer. J. C. war sowieso schon zu voll, um noch spielen zu können, egal ob mit oder ohne Flügel. Henderson legte einfach seinen Kopf auf den Tisch und fing an zu heulen. Ich fand seine Luger im untersten Schubfach. Ich steckte sie in den Mantel, verließ das Büro und ging rüber auf die Tribüne. Ich setzte mich in die Box hinter Bugsy Malone, der heute ein elegantes Flittchen dabeihatte. Es war Hendersons Box, aber Henderson soff sich jetzt wohl mit

seinem gefallenen Engel zu Tode. Er würde seine Box nicht mehr brauchen. Und das Team würde mich nicht mehr brauchen. Ich rief drunten im Spielergraben an und sagte ihnen, sie sollten dem *batboy* die Regie übergeben, oder sonst einem.
„Hallo, Bugsy“, sagte ich.
„Wo ist denn euer *center fielder*? Ich kann ihn nirgends sehen“, sagte Bugsy und zündete sich eine seiner 5-Dollar-Zigarren an.
„Unser *center fielder* hat sich wieder in seinen Himmel verzogen. Und das verdankt er einem deiner Strichjungen und einer 3-Dollar-50-Knochensäge.“
Bugsy lachte. „Ein Mann wie ich kann es sich leisten, einem alten Maultier ins Auge zu pissen und das Zeug hinterher als Pfefferminz-Cocktail rumgehen zu lassen. Nur so hab' ich's zu dem gebracht, was ich heute bin.“
„Wer ist die bezaubernde Lady?“ fragte ich.
„Oh, das ist Helena. Helena, das hier ist Tim Bailey, die größte Niete von Manager, die der Baseballsport je gesehen hat.“
Helena schlug diese Nylondinger übereinander, die sich Beine nennen, und ich war bereit, J. C. alles zu vergeben.
„Nett, Sie kenn'zulern, Mr. Bailey.“
„Yeah.“

Das Spiel ging an. Es war wie in alten Zeiten. Beim siebten *inning* lagen wir mit 10:1 im Rückstand. Bugsy war in glänzender Laune, er fummelte seiner Nutte an den Beinen rum und rieb sich an ihr, als ob ihm die ganze Welt gehörte. Er drehte sich zu mir um und steckte mir eine Fünf-Dollar-Zigarre zu. Ich zündete sie mir an.
„War dieser Typ wirklich 'n Engel?“ fragte er mich mit einem amüsierten Lächeln.
„Er sagte, wir sollten ihn einfach J. C. nennen, aber ich will verdammt sein, wenn ich's weiß.“
„Sieht so aus, als ob der Mensch dem lieben Gott jedesmal eins ausgewischt hat, wenn sie einander ins Gehege kamen.“
„Kann ich nicht beurteilen“, sagte ich, „aber ich seh' die Dinge so: wenn man einem die Flügel kappt, dann ist das so, als wenn man ihm den Schwanz abschneidet.“
„Mag sein. Aber so wie ich die Dinge sehe, hat der Stärkere eben das Recht auf seiner Seite.“
„Was in diesem Fall der Tod ist.“
Ich holte die Luger raus und drückte sie ihm an den Hinterkopf. „Um Himmels willen, Bailey! Komm wieder zu Dir! Ich geb' dir die Hälfte von allem, was ich hab'! Nein, ich geb' dir alles, was ich hab' – sogar die Tante hier, alles – bloß nimm das Ding wieder von meinem Kopf weg!“
„Wenn du denkst, daß Killen was Starkes ist, dann PROBIER mal, wie das schmeckt!“
Ich drückte ab. Es war schauderhaft. 'ne Luger. Sein Schädel flog in Fetzen, und überall Gehirn und Blut, auf mir, auf ihren Nylonbeinen, auf ihrem Kleid …
Das Spiel wurde für eine Stunde unterbrochen, während sie uns da rausschafften – den toten Bugsy, seine kreischende hysterische Alte, und mich. Und dann spielten sie die restlichen *innings*.
Am nächsten Tag in meiner Zelle kriegte ich vom Schließer die Zeitung:
BLUES ENTSCHEIDEN DAS SPIEL IM 14. INNING, GEWINNEN DIE MEISTERSCHAFT MIT 12:11.
Ich ging zum Fenster meiner Zelle im 8. Stock. Ich knüllte die Zeitung zusammen, ich ballerte sie in die Gitterstäbe und boxte sie durch und sah ihr nach, wie sie durch die Luft fiel, und es sah aus, als hätte sie Flügel, na ja, scheiß drauf, sie flatterte runter wie jedes andere Stück Papier, runter ins Meer, diese weißen und blauen Wellen da unten, so nah, zum Greifen nah, Gott hatte eben doch immer den Finger als erster am Drücker, egal in welcher Gestalt – ob in Form eines verdammten Maschinengewehrs oder eines Gemäldes von Klee, na ja, und jetzt, diese Nylonbeine umklammerten inzwischen einen anderen gottverdammten Narren, Malone schuldete mir 250 Tausender und konnte nicht mehr zahlen, J. C. mit Flügeln, J. C. ohne Flügel, J. C. am Kreuz, ich lebte immer noch ein bißchen, und ich drehte mich um und ging zurück in die andere Ecke, hockte mich auf den kalten Knastpott und fing an zu scheißen, Ex-Erste-Liga-Manager, Ex-Mann, und ein leichter Wind kam durch die Gitterstäbe, und ich hatte nicht mehr weit.

ÜBER DEN FALL DER ENGEL

ÄTHIOPISCHES HENOCHBUCH

Nachdem die Menschenkinder sich gemehrt hatten, wurden ihnen in jenen Tagen schöne und liebliche Töchter geboren. Als aber die Engel, die Himmelssöhne, sie sahen, gelüstete es sie nach ihnen, und sie sprachen untereinander: Wohlan, wir wollen uns Weiber unter den Menschentöchtern wählen und uns Kinder zeugen. Semjasa aber, ihr Oberster, sprach zu ihnen: Ich fürchte, ihr werdet wohl diese Tat nicht ausführen wollen, so daß ich allein eine große Sünde zu büßen haben werde. Da antworteten ihm alle und sprachen: Wir wollen alle einen Eid schwören und durch Verwünschungen uns untereinander verpflichten, diesen Plan nicht aufzugeben, sondern dies beabsichtigte Werk auszuführen. Da schwuren alle zusammen und verpflichteten sich untereinander durch Verwünschungen dazu. Es waren ihrer im Ganzen 200, die in den Tagen Jareds auf den Gipfel des Berges Hermon herabstiegen. Sie nannten aber den Berg Hermon, weil sie auf ihm geschworen und durch Verwünschungen sich untereinander verpflichtet hatten. Dies sind die Namen ihrer Anführer: Semjasa, ihr Oberster, Urakib, Arameel, Sammael, Akibeel, Tamiel, Ramuel, Danel, Ezeqeel, Saraqujal, Asael, Armers, Batraal, Anani, Zaqebe, Samsaveel, Sartael, Tumael, Turel, Jomjael, Arasjal. Dies sind ihre Dekarchen.

Diese und alle übrigen mit ihnen nahmen sich Weiber, jeder von ihnen wählte sich eine aus, und sie begannen zu ihnen hineinzugehen und sich an ihnen zu verunreinigen; sie lehrten sie Zaubermittel, Beschwörungsformeln und das Schneiden von Wurzeln und offenbarten ihnen die heilkräftigen Pflanzen. Sie wurden aber schwanger und gebaren 3000 Ellen lange Riesen, die den Erwerb der Menschen aufzehrten. Als aber die Menschen ihnen nichts mehr gewähren konnten, wandten sich die Riesen gegen sie und fraßen sie auf, und die Menschen begannen sich an den Vögeln, Tieren, Reptilien und Fischen zu versündigen, das Fleisch voneinander aufzufressen, und tranken das Blut. Da klagte die Erde über die Ungerechten.

Asasel lehrte die Menschen Schlachtmesser, Waffen, Schilde und Brustpanzer verfertigen und zeigte ihnen die Metalle samt ihrer Verarbeitung und die Armspangen und Schmucksachen, den Gebrauch der Augenschminke und das Verschönern der Augenlider, die kostbarsten und auserlesensten Steine und allerlei Färbemittel. So herrschte viel Gottlosigkeit, und sie trieben Unzucht, gerieten auf Abwege und alle ihre Pfade wurden verdorben. Semjasa lehrte die Beschwörungen und das Schneiden der Wurzeln, Armaros die Lösung der Beschwörungen, Baraqel das Sternschauen, Kokabeel die Astrologie, Ezeqeel die Wolkenkunde, Arakiel die Zeichen der Erde, Samsaveel die Zeichen der Sonne, Seriel die Zeichen des Mondes. Als nun die Menschen umkamen, schrieen sie, und ihre Stimme drang zum Himmel.

Da blickten Michael, Uriel, Raphael und Gabriel vom Himmel und sahen das viele Blut, das auf Erden vergossen wurde, und all das Unrecht, das auf Erden geschah. Sie sprachen untereinander: Von der Stimme ihres und der Menschen Geschrei hallt die menschenleere Erde bis zu den Pforten des Himmels wider.

Die Seelen der Menschen klagen, indem sie sprechen: Bringt unsere Streitsache vor den Höchsten! Da sprachen sie, die Erzengel, zum Herrn: Du bist der Herr der Herren, der Gott der Götter und der König der Könige; der Thron deiner Herrlichkeit besteht durch alle Geschlechter der Welt; dein Name ist heilig und in aller Welt gepriesen. Denn du hast alles gemacht und die Herrlichkeit über alles ist bei dir. Alles ist vor dir aufgedeckt und offenbar; du siehst alles, und nichts kann sich vor dir verbergen. Du hast gesehen, was Asasel getan hat, wie er allerlei Ungerechtigkeit auf Erden gelehrt und die himmlischen Geheimnisse der Urzeit geoffenbart hat, die die Menschen kennenzulernen sich haben angelegen sein lassen. Die Beschwörungen hat Semjasa gelehrt, dem du die Vollmacht gegeben hast, die Herrschaft über seine Genossen zu üben. Sie sind zu den Menschentöchtern auf der Erde gegangen, haben bei ihnen geschlafen und mit den Weibern sich verunreinigt und haben ihnen alle Sünden geoffenbart. Die Weiber aber gebaren Riesen, und dadurch wurde die ganze Erde von Blut und Ungerechtigkeit voll. Nun, siehe,

6 HIMMLISCHE VERSAMMLUNG DER ERZENGEL
Ikone der Palecher Schule, Moskau 18. Jh.

schreien die Seelengeister der Verstorbenen und klagen bis zu den Pforten des Himmels. Ihr Geseufze ist emporgestiegen und kann angesichts der auf Erden verübten Gottlosigkeit nicht aufhören. Du aber weißt alles, bevor es geschieht. Du siehst dies und lassest sie gewähren und sagst uns nicht, was wir deswegen mit ihnen tun sollen.
Darauf sprach der Höchste, und der große Heilige ergriff das Wort und sandte Uriel zu dem Sohne Lamechs und sprach zu ihm: Sage ihm in meinem Namen: Verbirg dich! und offenbare ihm das bevorstehende Ende. Denn die ganze Erde wird untergehen und eine Wasserflut ist im Begriff, über die ganze Erde zu kommen, und alles auf ihr Befindliche wird untergehen. Belehre ihn, damit er entrinne, und seine Nachkommenschaft für alle Geschlechter der Welt erhalten bleibe. Zu Raphael sprach der Herr: Feßle den Asasel an Händen und Füßen und wirf ihn in die Finsternis; mache in der Wüste in Dudael ein Loch und wirf ihn hinein. Lege unter ihn scharfe und spitze Steine und bedecke ihn mit Finsternis. Er soll für ewig dort wohnen, und bedecke sein Angesicht mit Finsternis, damit er kein Licht schaue. Aber am Tage des großen Gerichts soll er in den Feuerpfuhl geworfen werden. Heile die Erde, welche die Engel verdorben haben, und tue die Heilung des Schlages kund, damit sie hinsichtlich des Schlages geheilt werden [?], und nicht alle Menschenkinder durch das ganze Geheimnis umkommen, das die Wächter verbreitet und ihren Söhnen gelehrt haben. Die ganze Erde wurde durch die Werke der Lehre Asasels verdorben, und ihm schreibe alle Sünden zu. Zu Gabriel sprach der Herr: Ziehe los gegen die Bastarde, die Verworfenen und die Hurenkinder, tilge die Söhne der Wächter von den Menschen hinweg und lasse sie gegeneinander los, daß sie sich untereinander im Kampfe vernichten; denn langes Leben soll ihnen nicht zuteil werden. Jede Bitte soll ihren Vätern für ihre Kinder nicht gewährt werden, obwohl sie hoffen, ein ewiges Leben zu leben, und daß ein jeder von ihnen 500 Jahre lebe. Zu Michael sprach der Herr: Geh, binde Semjasa und seine übrigen Genossen, die sich mit den Weibern vermischt haben, um sich bei ihnen durch ihre Unreinheit zu beflecken. Wenn sich ihre Söhne untereinander erschlagen, und wenn sie, die Väter, den Untergang ihrer geliebten Söhne gesehen haben werden, so binde sie für 70 Geschlechter unter die Hügel der Erde bis zum Tag ihres Gerichts und ihrer Vollendung, bis das ewige Endgericht vollzogen wird.
In jenen Tagen wird man sie in den Abgrund des Feuers abführen, und sie werden in der Qual und im Gefängnis immerdar eingeschlossen werden. Wer immer verurteilt und von jetzt an mit ihnen zusammen vernichtet wird, wird bis zum Ende aller Geschlechter gebunden gehalten werden. Vernichte alle Geister der Verworfenen und die Söhne der Wächter, weil sie die Menschen mißhandelt haben. Tilge alle Gewalttat von der Erde hinweg; jedes schlechte Werk soll ein Ende nehmen, und erscheinen soll die Pflanze der Gerechtigkeit und der Wahrheit, und die Arbeit wird zum Segen gereichen. Gerechtigkeit und Wahrheit werden in Freuden für immer gepflanzt werden. Und nun werden alle Gerechten entfliehen und sie werden leben, bis sie 1000 Kinder zeugen, und alle Tage ihrer Jugend und ihres Alters werden sie in Frieden vollenden. In jenen Tagen wird die ganze Erde in Gerechtigkeit bestellt, ganz mit Bäumen bepflanzt werden und voll von Segensgaben sein. Allerlei liebliche Bäume werden auf ihr gepflanzt werden; Weinstöcke wird man auf ihr pflanzen, und die auf ihr gepflanzten Weinstöcke werden Wein in Überfluß tragen, und von allem Samen, der auf ihr gesät wird, wird ein Maß tausend tragen, und *ein* Maß Oliven wird zehn Kufen Öl geben. Und du reinige die Erde von aller Gewalttat, von aller Ungerechtigkeit, von aller Sünde, von aller Gottlosigkeit und von aller Unreinigkeit, die auf der Erde verübt wird; vertilge sie von der Erde. Alle Menschenkinder sollen gerecht sein, alle Völker sollen mich verehren, mich preisen und sie alle werden mich anbeten. Die Erde wird rein sein von aller Verderbnis, von aller Sünde, von aller Plage und von aller Qual, und ich werde nicht abermals eine Flut über sie senden von Geschlecht zu Geschlecht und bis in Ewigkeit.
In jenen Tagen werde ich die himmlischen Vorratskammern des Segens öffnen, um sie auf die Erde, auf das Werk und die Arbeit der Menschenkinder herabkommen zu lassen. Und dann werden Heil und Recht alle Tage der Welt und alle Geschlechter der Menschen hindurch sich paaren.
Vor diesen Begebenheiten war Henoch verborgen, und niemand von den Menschenkindern wußte, wo er verborgen war, wo er sich aufhielt, und was mit ihm geworden war. Alles, was er während seines Lebens unternahm, geschah mit den Wächtern und

mit den Heiligen. Da erhob ich, Henoch, mich, indem ich den Herrn der Erhabenheit und den König der Welt pries. Siehe, da riefen die Wächter des großen Heiligen mich, Henoch, den Schreiber, und sagten zu mir: Henoch, du Schreiber der Gerechtigkeit, geh hin, verkünde den Wächtern des Himmels, die den hohen Himmel, die heilige ewige Stätte verlassen, mit den Weibern sich verdorben, wie die Menschenkinder tun, getan, sich Weiber genommen und sich in großes Verderben auf der Erde gestürzt haben: Sie werden keinen Frieden noch Vergebung finden. So oft sie sich über ihre Kinder freuen, werden sie die Ermordung ihrer geliebten Söhne sehen und über den Untergang ihrer Kinder seufzen; sie werden immerdar bitten, aber weder Barmherzigkeit noch Frieden erlangen.

Henoch aber ging hin und sagte zu Asasel: Du wirst keinen Frieden haben; ein großer Urteilsspruch ist über dich ergangen, dich zu binden. Du wirst keine Nachsicht und Fürbitte erlangen, wegen der Gewalttaten, die du gelehrt, und wegen all der Werke der Lästerung, Gewalttat und Sünde, die du den Menschen gezeigt hast. Dann ging ich hin und redete zu ihnen allen insgesamt, und sie fürchteten sich alle, und Furcht und Zittern ergriff sie. Da baten sie mich, eine Bittschrift für sie zu schreiben, damit ihnen Vergebung zuteil werde, und ihre Bittschrift vor dem Herrn des Himmels vorzulesen. Denn sie konnten nicht mehr mit ihm reden, noch ihre Augen zum Himmel erheben aus Scham über ihre Sünden, derentwegen sie gestraft wurden. Darauf verfaßte ich ihre Bitt- und Flehschrift in betreff ihrer Geister und ihrer einzelnen Handlungen und in betreff dessen, worum sie baten, damit ihnen Vergebung und Nachsicht zuteil würde. Und ich ging hin und setzte mich an die Wasser von Dan im Lande Dan, das südlich von der Westseite des Hermon liegt, und ich las ihre Bittschrift Gott vor, bis ich einschlief. Siehe da überkamen mich Träume, und Gesichte überfielen mich; ich sah Gesichte eines Strafgerichts, und eine Stimme drang zu mir und rief, daß ich es den Söhnen des Himmels anzeigen und sie schelten solle. Als ich erwacht war, kam ich zu ihnen, und sie saßen alle versammelt in Abel, das zwischen dem Libanon und Senir liegt, trauernd, mit verhüllten Gesichtern. Da erzählte ich vor ihnen alle Gesichte, die ich im Schlafe gesehen hatte, und ich begann jene Worte der Gerechtigkeit zu reden und die himmlischen Wächter zu schelten.

Dies Buch ist das Wort der Gerechtigkeit und der Zurechtweisung der ewigen Wächter, wie der große Heilige in jenem Gesichte befohlen hatte. Ich sah in meinem Schlafe, was ich jetzt mit Fleischeszunge und mit dem Odem meines Mundes erzählen werde, den der Große den Menschen verliehen hat, daß sie damit reden und mit dem Herzen es verstehen sollen. Wie er die Menschen geschaffen und ihnen verliehen hat, die Worte der Erkenntnis zu verstehen, so hat er auch mich geschaffen und mir verliehen, die Wächter, die Söhne des Himmels zu rügen. Ich hatte eure Bitte aufgeschrieben, aber in meinem Gesichte wurde mir dies gezeigt, daß eure Bitte nimmermehr erfüllt werden wird, daß das Gericht über euch vollzogen ist, und euch nichts gewährt werden wird. Fortan werdet ihr nimmermehr in den Himmel hinaufsteigen, und es ist befohlen, euch mit Fesseln auf der Erde für alle Geschlechter der Welt zu binden. Zuvor aber sollt ihr die Vernichtung eurer geliebten Söhne ansehen. Es wird euch keiner von ihnen übrig bleiben, sondern sie werden vor euch durchs Schwert fallen. Eure Bitte für sie wird euch nicht gewährt werden, noch auch jener Bitte für euch; trotz Weinen und Bitten sollt ihr auch nicht die Erfüllung eines Wortes aus der Schrift erlangen, die ich verfaßt habe. Mir wurde im Gesichte folgende Erscheinung: Siehe, Wolken luden mich ein im Gesicht, und ein Nebel forderte mich auf; der Lauf der Sterne und Blitze trieb und drängte mich, und Winde gaben mir Flügel im Gesicht und hoben mich empor. Sie trugen mich hinein in den Himmel. Ich trat ein, bis ich mich einer Mauer näherte, die aus Kristallsteinen gebaut und von feurigen Zungen umgeben war; und sie begann mir Furcht einzujagen. Ich trat in die feurigen Zungen hinein und näherte mich einem großen, aus Kristallsteinen gebauten Hause. Die Wände jenes Hauses glichen einem mit Kristallsteinen getäfelten Fußboden, und sein Grund war von Kristall. Seine Decke war wie die Bahn der Sterne und Blitze, dazwischen feurige Kerube, und ihr Himmel bestand aus Wasser. Ein Feuermeer umgab seine Wände, und seine Türen brannten von Feuer. Ich trat ein in jenes Haus, das heiß wie Feuer und kalt wie Schnee war. Da war keine Lebensluft vorhanden; Furcht umhüllte mich, und Zittern erfaßte mich. Da ich erschüttert war und zitterte, fiel ich auf mein Angesicht und schaute Folgendes im Gesichte: Siehe, da war ein anderes Haus, größer als jenes; alle seine Türen standen

vor mir offen, und es war aus feurigen Zungen gebaut. In jeder Hinsicht, durch Herrlichkeit, Pracht und Größe zeichnete es sich so aus, daß ich euch keine Beschreibung von seiner Herrlichkeit und Größe geben kann. Sein Boden war von Feuer; seinen oberen Teil bildeten Blitze und kreisende Sterne, und seine Decke war loderndes Feuer. Ich schaute hin und gewahrte darin einen hohen Thron. Sein Aussehen war wie Reif; um ihn herum war etwas, das der leuchtenden Sonne glich und das Aussehen von Keruben hatte. Unterhalb des Throns kamen Ströme lodernden Feuers hervor, und ich konnte nicht hinsehen. Die große Majestät saß darauf; ihr Gewand war glänzender als die Sonne und weißer als lauter Schnee. Keiner der Engel konnte in dieses Haus eintreten und ihr Antlitz vor Herrlichkeit und Majestät schauen. Kein Fleisch konnte sie sehen. Loderndes Feuer war rings um sie; ein großes Feuer verbreitete sich vor ihr, und keiner der Engel näherte sich ihr. Ringsherum standen zehntausendmal Zehntausende vor ihr, und alles, was ihr beliebt, das tut sie. Und die Heiligen der Heiligen, die in ihrer Nähe stehen, entfernten sich nicht bei Nacht oder bei Tage, noch gingen sie weg von ihr. Bis dahin war ich auf mein Angesicht gefallen und zitterte. Da rief mich der Herr mit seinem Mund und sprach zu mir: Komm hierher, Henoch, und höre mein Wort! Da kam einer von den Heiligen zu mir, weckte mich auf, ließ mich aufstehen und brachte mich bis zu dem Tor; ich aber senkte mein Antlitz.
Da versetzte er und sprach zu mir, und ich hörte seine Stimme: Fürchte dich nicht, Henoch, du gerechter Mann und Schreiber der Gerechtigkeit; tritt herzu und höre meine Rede. Geh hin und sprich zu den Wächtern des Himmels, die dich gesandt haben, um für sie zu bitten: Ihr solltet eigentlich für die Menschen bitten, und nicht die Menschen für euch. Warum habt ihr den hohen, heiligen und ewigen Himmel verlassen, bei den Weibern geschlafen, euch mit den Menschentöchtern verunreinigt, euch Weiber genommen und wie die Erdenkinder getan und Riesensöhne gezeugt? Obwohl ihr heilig und ewig lebende Geister wart, habt ihr durch das Blut der Weiber euch befleckt, mit dem Blute des Fleisches Kinder gezeugt, nach dem Blute der Menschen begehrt und Fleisch und Blut hervorgebracht, wie jene tun, die sterblich und vergänglich sind. Deshalb habe ich ihnen Weiber gegeben, damit sie sie besamen und mit ihnen Kinder zeugen, so daß ihnen also nichts auf Erden fehlt. Ihr aber seid zuvor ewig lebende Geister gewesen, die alle Geschlechter der Welt hindurch unsterblich sein sollten. Darum habe ich für euch keine Weiber geschaffen, denn die Geister des Himmels haben im Himmel ihre Wohnung. Aber die Riesen nun, die von den Geistern und Fleisch gezeugt worden sind, wird man böse Geister auf Erden nennen, und auf der Erde werden sie ihre Wohnung haben. Böse Geister gingen aus ihrem Leibe hervor, weil sie von Menschen geschaffen wurden, und von den heiligen Wächtern ihr Ursprung und erste Grundlage herrührt; böse Geister werden sie auf Erden sein und böse Geister genannt werden. Die Geister des Himmels haben im Himmel ihre Wohnung, und die Geister der Erde, die auf der Erde geboren wurden, haben auf der Erde ihre Wohnung. Die Geister der Riesen werden böse handeln, Gewalttaten begehen, Verderben stiften, angreifen, kämpfen, Zertrümmerung auf Erden anrichten und Kummer bereiten; sie werden nicht essen, sondern hungern und dürsten und Anstoß erregen. Und diese Geister werden sich gegen die Söhne der Menschen und gegen die Weiber erheben, weil sie von ihnen ausgegangen sind.
Seit den Tagen der Niedermetzelung, des Verderbens und des Todes der Riesen, als die Geister aus der Seele ihres Fleisches herausgingen, um Verderben anzurichten, ohne daß ein Gericht sie trifft, – in solcher Weise werden sie Verderben anrichten bis zum Tage des großen Endgerichts, an dem der große Weltlauf sich vollendet. Und nun sprich zu den früher im Himmel befindlichen Wächtern, die dich gesandt haben, um für sie zu bitten: Ihr seid im Himmel gewesen, und obwohl euch alle Geheimnisse noch nicht geoffenbart waren, wußtet ihr ein nichtswürdiges Geheimnis und habt dies in eurer Herzenshärtigkeit den Weibern erzählt; durch dieses Geheimnis richten die Weiber und Männer viel Übel auf Erden an. Sage ihnen also: Ihr werdet keinen Frieden haben!

ES WIRD EINE GESCHICHTE VON RIESEN SEIN

WIM WENDERS / PETER HANDKE

Cassiel:
In den Rehbergen las ein alter Mann einem Kind aus der Odyssee vor,
und der kleine Zuhörer, der dabei ganz zu blinzeln aufhörte …
Und du, was hast du zu erzählen?

Damiel:
Eine Passantin, die mitten im Regen den Schirm zusammenklappte und sich naß werden ließ … Ein Schüler, der seinem Lehrer beschrieb, wie ein Farn aus der Erde wächst, und der staunende Lehrer … Eine Blinde, die nach ihrer Uhr tastete, als sie mich spürte … Es ist herrlich, nur geistig zu leben und Tag für Tag für die Ewigkeit von den Leuten rein, was geistig ist, zu bezeugen – aber manchmal wird mir meine ewige Geistesexistenz zuviel.
Ich möchte dann nicht mehr so ewig drüberschweben, ich möchte ein Gewicht an mir spüren, das die Grenzenlosigkeit an mir aufhebt und mich erdfest macht.
Ich möchte bei jedem Schritt oder Windstoß „Jetzt", und …
„Jetzt" und „Jetzt" sagen können und nicht wie immer „seit je" und „in Ewigkeit". Sich an den …
freien Platz am Kartentisch setzen, begrüßt werden, auch bloß mit einem Nicken.
Die ganze Zeit, wenn wir schon einmal mittaten, war es doch nur zum Schein: haben uns im nächtlichen Ringkampf mit einem von denen zum Schein die Hüfte ausrenken lassen, haben zum Schein einen Fisch mitgefangen, haben zum Schein an den Tafeln gesessen, haben getrunken …
und gegessen zum Schein, haben uns Lämmer braten und Wein aufwarten lassen
… draußen bei den Zelten in der Wüste, nur zum Schein!
Nicht, daß ich ja gleich ein Kind zeugen oder einen Baum pflanzen möchte, aber es wäre doch schon etwas, beim Nachhausekommen nach einem langen Tag
… wie Philip Marlowe die Katze zu füttern.
Fieber haben, schwarze Finger vom Zeitungslesen, sich nicht immer nur am Geist begeistern, sondern endlich an einer Mahlzeit, einer Nackenlinie, … einem Ohr.
Lügen! Wie gedruckt!
Beim Gehen das Knochengerüst an sich mitgehen spüren.
Endlich ahnen, statt immer alles zu wissen. „Ach" und „Oh" und „Ah" und „Weh" sagen können, statt „Ja und amen"!

Cassiel:
Ja, und sich einmal auch begeistern können am Bösen. Von den Passanten im Vorbeigehen alle Dämonen der Erde auf sich übertragen und endlich hinaus in die Welt jagen …
ein Wilder sein!

Damiel:
Oder endlich zu spüren, wie es ist, unter dem Tisch die Schuhe auszuziehen und die Zehen auszustrecken, barfuß, so.

Cassiel:
Allein bleiben! Geschehen lassen! Ernst bleiben! Wild können wir nur in dem Maß sein, wie wir unbedingt ernst bleiben.
Nichts weiter tun als anschauen, sammeln, bezeugen, beglaubigen, wahren! Geist bleiben!
Im Abstand bleiben! Im Wort bleiben!
(…)

Cassiel:
Und du willst wirklich? …

Damiel:
Ja. Mir selber eine Geschichte erstreiten. Was ich weiß von meinem zeitlosen Herabschauen verwandeln ins Aushalten eines jähen Anblicks, eines kurzen Aufschreis, eines stechenden Geruchs.
Ich bin schließlich lang genug draußen gewesen, lang genug abwesend,
lang genug aus der Welt!
Hinein in die Weltgeschichte!
Oder auch nur einen …

7/8 HINEIN IN DIE WELTGESCHICHTE

Aus dem Film von Wim Wenders „Himmel über Berlin“.

Apfel in die Hand genommen. Schau, die Feder …
dort auf dem Wasser,
schon verschwunden!
Schau, die Brennspuren auf dem Asphalt.
Und jetzt, die Zigarettenkippe,
wie sie dahinrollt,
und wie der vorzeitliche Fluß versiegt
und nur noch die heutigen Regenlachen zittern.
Weg mit der Welt hinter der Welt!

Cassiel:
Und?

Damiel:
Ich werde in den Fluß steigen. Alter menschlicher Spruch, oft gehört, den ich heute erst verstehe. Jetzt oder nie: Augenblick der Furt. Aber es wird kein anderes Ufer geben: die Furt gibt es nur, solange wir drinnen im Fluß sind. Hinein in die Furt der Zeit, die Furt des Todes! Herab von unserem Ausguck der Ungeborenen! Zuschauen ist nicht herabschauen, es geschieht auf Augenhöhe.
Zuerst werde ich ein Bad nehmen.
(…)

Marion:
Es muß einmal ernst werden. Ich war viel allein, aber ich habe nie allein gelebt. Wenn ich mit jemandem war, war ich oft froh, aber zugleich hielt ich alles für Zufall. Diese Leute waren meine Eltern, aber es hätten auch andere sein können. Warum war der mit den braunen Augen mein Bruder und nicht der mit den grünen Augen vom Bahnsteig gegenüber? Die Tochter des Taxifahrers war meine Freundin, aber ebensogut hätte ich doch den Arm um den Kopf eines Pferdes legen können. Ich war mit einem Mann, war verliebt und hätte ebensogut ihn stehenlassen und mit dem Fremden, der uns auf der Straße entgegenkam, weitergehen können. Schau mich an oder nicht. Gib mir die Hand oder nicht. Nein, gib mir nicht die Hand und schau weg von mir.
Ich glaube, heute ist Neumond, keine ruhigere Nacht, kein Blut wird fließen in der ganzen Stadt. Ich habe nie mit jemandem gespielt und trotzdem habe ich nie die Augen geöffnet und gedacht: Jetzt ist es ernst. Endlich wird es ernst.
So bin ich älter geworden. War ich allein so unernst? Ist die Zeit so unernst?
Einsam war ich nie, weder allein noch mit jemand anderem. Aber ich wäre gern endlich einsam gewesen. Einsamkeit heißt ja: Ich bin endlich ganz.
Jetzt kann ich das sagen, denn ich bin heute endlich einsam.
Mit dem Zufall muß es nun aufhören! Neumond der Entscheidung! Ich weiß nicht, ob es eine Bestimmung gibt, aber es gibt eine Entscheidung! Entscheide dich! Wir sind jetzt die Zeit.
Nicht nur die ganze Stadt, die ganze Welt …
nimmt gerade teil an unserer Entscheidung.
Wir zwei sind jetzt mehr als nur zwei.
Wir verkörpern etwas.
Wir sitzen auf dem Platz des Volkes, und der ganze Platz ist voll von Leuten, die sich dasselbe wünschen wie wir.
Wir bestimmen das Spiel für alle!
Ich bin bereit.
Nun bist du dran.

Du hast das Spiel in der Hand.
Jetzt oder nie.

Du brauchst mich. Du wirst mich brauchen. Es gibt keine größere Geschichte als die von uns beiden, von Mann und Frau. Es wird eine Geschichte von Riesen sein, unsichtbaren, übertragbaren, eine Geschichte neuer Stammeltern. Schau, meine Augen! Sie sind das Bild der Notwendigkeit, der Zukunft aller auf dem Platz. Letzte Nacht träumte ich von einem Unbekannten, meinem Mann. Nur mit ihm konnte ich einsam sein, offen werden für ihn, ganz offen, ganz für ihn, ihn ganz als Ganzen in mich einlassen, ihn umschließen mit dem Labyrinth der gemeinsamen Seligkeit.
Ich weiß, du bist es.

Damiels Stimme:
Etwas ist geschehen,
es geschieht immer noch.
Es ist verbindlich!

Es war in der Nacht,
und es ist jetzt am Tag.
Jetzt erst recht.
Wer war wer?
Ich war in ihr …
und sie war um mich.
Wer auf der Welt kann
von sich behaupten,
er war je mit einem anderen
Menschen zusammen?
Ich bin zusammen.
Kein sterbliches Kind
wurde gezeugt,
sondern ein unsterbliches
gemeinsames Bild.
Ich habe in dieser Nacht
das Staunen gelernt.
Sie hat mich heimgeholt,
und ich habe
heimgefunden.
Es war einmal.

Es war einmal,
und also wird es sein.
Das Bild, das wir gezeugt haben,
wird das Begleitbild
meines Sterbens sein.
Ich werde darin gelebt haben.
Erst das Staunen
über uns zwei,
das Staunen
über den Mann und die Frau
hat mich zum Menschen gemacht.
Ich … weiß … jetzt,
was … kein … Engel … weiß.

UND DEINE LIPPEN FIELEN ÜBER MICH

HERTA KRÄFTNER

Oh, du verlorener Engel!
Hast du dich mir zulieb mit Haut bedeckt
und mir zulieb mit Haar?
Nun bist du ein Geschmack auf meinem Gaumen
in allen Speisen schmecke ich dich;
ich bin betrunken von deinem Wein.
Du warst ein Engelleib aus Glas
und hattest ein Gesicht aus Tüll.
Als ich dich angriff, brachst du auf
und fielst herab: in Gras und Sand und Weinlaub.
Und deine Lippen fielen über mich.
Als Zeichen brachtest du den roten Mond
mit dir und zogst ihn nach,
durch Hecken und über windige Wege.
Der sah uns zu, dir und mir,
wie wir den Engel leicht verloren.

ES WAREN KEINE ENGEL

AURELIUS AUGUSTIN

Diese Frage wurde schon im dritten Buche dieses Werkes im Vorbeigehen berührt, aber ungelöst gelassen, die Frage nämlich, ob Engel, die doch Geister sind, mit Weibern fleischlichen Umgang haben können. Es steht geschrieben: „Er macht Geister zu seinen Engeln", das ist, er macht Wesen, die von Natur Geister sind, zu seinen Engeln, indem er ihnen Botendienste aufträgt. Denn was auf griechisch „Angelos", mit lateinischer Endung „Angelus", auf deutsch Engel heißt, bedeutet soviel wie Bote! Aber ob mit den folgenden Worten: „Und zu seinen Dienern flammendes Feuer" Engelleiber gemeint sind, oder ob damit gesagt sein soll, daß seine Diener von Liebe wie von geistlichem Feuer brennen sollen, ist fraglich. Daß jedoch Engel den Menschen in solchen Leibern erschienen sind, die nicht nur sichtbar, sondern auch tastbar waren, wird von derselben untrüglichen Schrift bezeugt. Da nun die häufige Rede geht und viele versichern, es selbst erlebt oder von glaubwürdigen Leuten, die es erlebt, vernommen zu haben, daß Silvane und Pane, die im Volksmund „incubi" heißen, Frauen belästigt und mit ihnen in Geschlechtsverkehr zu treten begehrt und es auch erreicht haben, da ferner gewisse Dämonen, von den Galliern „Dusii" geheißen, unablässig solch unzüchtigem Treiben ergeben sind – so viele und gewichtige Stimmen bekräftigen es, daß Leugnung hier Dreistigkeit wäre –, wage ich nicht zu entscheiden, ob wirklich irgendwelche mit einem Luftleib bekleideten Geister – dies Element wird ja, wenn auch nur mit einem Fächer bewegt, von dem leiblichen Gefühls- und Tastsinn wahrgenommen – solche Leidenschaften hegen und sich irgendwie mit Frauen, so daß diese Empfindungen davon haben, verbinden können. Doch ich bin der Meinung, daß die heiligen Engel Gottes zu jener Zeit schlechterdings nicht auf solche Weise fallen konnten, und glaube nicht, daß der Apostel Petrus von ihnen gesprochen hat, wenn er sagt: „Gott hat die sündigen Engel nicht verschont, sondern sie verstoßen und den finsteren Kerkern der Unterwelt übergeben, um sie zur Strafe aufzubewahren am Tage des Gerichts", sondern von denen, die gleich anfangs von Gott abtrünnig wurden und mit ihrem Fürsten, dem Teufel, abfielen, der seinerseits den ersten Menschen aus Neid durch Schlangentrug zu Fall brachte. Daß aber auch Gottesmenschen Engel genannt wurden, bezeugt dieselbe Heilige Schrift vielfältig. Denn von Johannes steht geschrieben: „Siehe, ich sende meinen Engel vor dir her, der deinen Weg bereiten soll", und auch der Prophet Maleachi ward wegen einer besonderen, das heißt nur ihm verliehenen Gnade Engel genannt.

Aber manche werden dadurch bedenklich, daß von denen, die Engel Gottes heißen, und den Weibern, die sie liebten, nicht Menschen unserer Art, sondern Riesen erzeugt wurden. Als ob nicht auch zu unseren Zeiten, wie ich vorhin bereits erwähnte, Menschen, deren Körpergröße unser Maß weit überschreitet, geboren würden! War nicht erst vor wenigen Jahren, als die Zerstörung der Stadt durch die Goten herannahte, eine Frau mit ihrem Vater und ihrer Mutter in Rom, die durch ihren sozusagen riesenhaften Wuchs alle übrigen in den Schatten stellte? Sie zu sehen, lief von allen Seiten das Volk in Massen zusammen. Und das merkwürdigste war, daß beide Eltern keineswegs sehr große Leute waren, wie wir sie auch sonst wohl sehen. Es mochten also auch schon vorher Riesen geboren sein, ehe die Gottessöhne, die Engel Gottes genannt wurden, sich mit den Töchtern der Menschen, das heißt derer, die nach Menschenweise lebten, einließen, also die Söhne Seths mit den Töchtern Kains. Das sagt ja auch die kanonische Schrift an derselben Stelle des Buches, wo wir dies lesen. Ihre Worte lauten: „Da sich aber die Menschen begannen zu mehren auf Erden und ihnen Töchter geboren wurden, sahen die Engel Gottes nach den Töchtern der Menschen, wie sie gut waren, und nahmen zu Weibern, welche sie wollten. Da sprach der Herr: Mein Geist wird nicht ewig in diesen Menschen bleiben, denn sie sind Fleisch. Ihre Tage sollen sein hundertundzwanzig Jahre. Es waren aber Riesen auf Erden in jenen Tagen und auch nachher, als die Gottessöhne zu den Menschentöchtern eingingen und mit ihnen für sich Kinder erzeugten. Das waren die Riesen, von alters her berühmte Männer." Diese Worte des göttlichen Buches lassen klar genug erkennen, daß es zu jenen Zeiten schon Riesen auf Erden gab, als die Gottessöhne sich die Menschentöchter zu Weibern nahmen, die sie liebten, da sie gut, das heißt schön waren. Denn die Schrift hat die Gewohnheit, auch Menschen von leiblicher Wohlgestalt gut zu nennen. Aber auch noch nachher wurden Riesen geboren; heißt es doch: „Es waren aber Riesen auf Erden in jenen Tagen und auch nachher, als die Gottessöhne zu den Menschentöchtern eingingen." Also sowohl vorher als auch nachher. Wenn es aber heißt „sie erzeugten Kinder für sich", ersieht man daraus, daß die Gottessöhne vor ihrem Fall für Gott und nicht für sich Kinder erzeugten, also nicht von übermächtiger Wollust getrieben, sondern im Dienst der Fortpflanzung, nicht eine Familie, um selbst damit groß zu tun, sondern Bürger des Gottesstaates. Ihnen verkündeten sie als Engel Gottes, sie sollten auf Gott ihre Hoffnung setzen gleich dem Sprößling Seths, dem Sohn der Auferstehung, welcher darauf hoffte, anzurufen den Namen Gottes, des Herrn. In dieser Hoffnung wären sie mit ihren Nachkommen Miterben der ewigen Güter und unter Gott, dem Vater, ihrer Söhne Brüder gewesen.

Doch waren sie nicht insofern Engel Gottes, daß sie keine Menschen hätten sein können, wie manche meinen; sondern zweifellos waren es Menschen. Die Schrift selbst spricht das unzweideutig aus. Denn nach den voraufgehenden Worten: „Die Engel Gottes sahen nach den Töchtern der Menschen, wie sie gut waren, und nahmen zu Weibern, welche sie wollten" heißt es alsbald: „Da sprach der Herr: Mein Geist wird nicht ewig in diesen Menschen bleiben, denn sie sind Fleisch." Durch Gottes Geist waren sie nämlich Engel Gottes und Gottessöhne geworden. Aber nun, zum Niederen herabgesunken, heißen sie als Natur- nicht Gnadenkinder Menschen. Abtrünnig vom Geist und als Abtrünnige selbst vom Geist verlassen, heißen sie auch Fleisch. Die siebzig Dolmetscher nennen sie übrigens sowohl Engel Gottes als auch Gottessöhne, doch nicht in allen Handschriften. Denn in einigen liest man bloß von Gottessöhnen. Aquila aber, den die Juden den anderen Übersetzern vorziehen, übersetzte nicht „Engel Gottes" oder „Gottessöhne", sondern „Göttersöhne". Beides aber ist richtig. Denn sie waren sowohl Gottessöhne und unter diesem Vater auch Brüder ihrer Väter, als auch Göttersöhne, da sie von Göttern erzeugt und ebenso wie diese selbst Götter waren, nach jenem

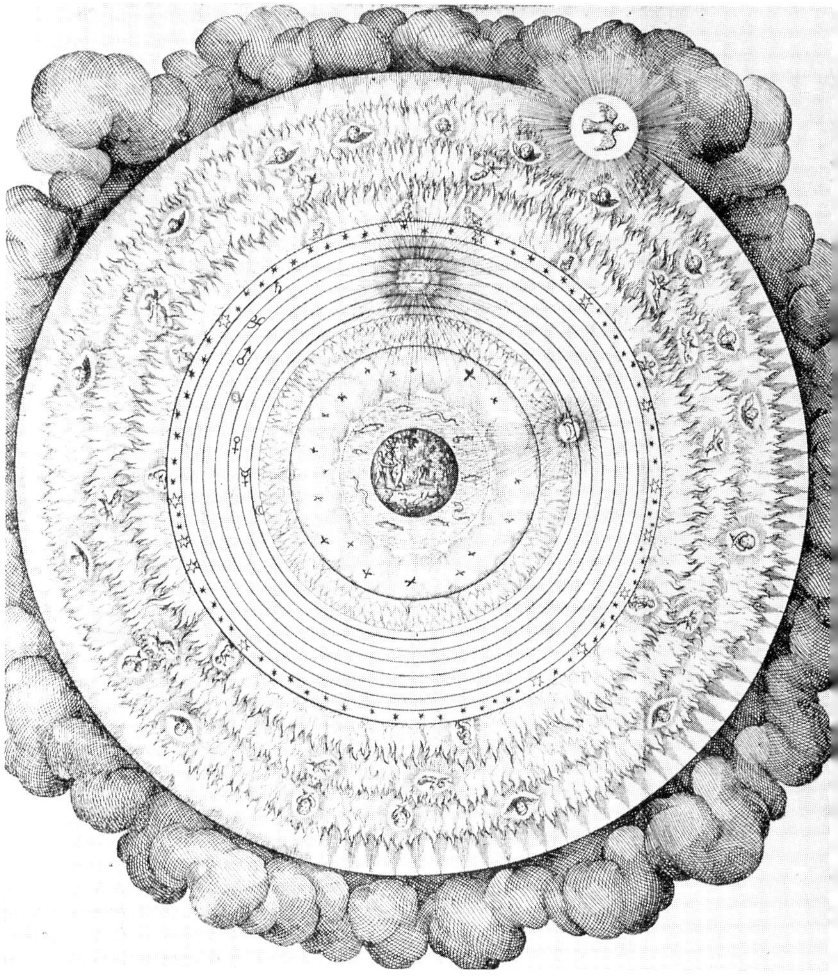

9 ES WAREN KEINE ENGEL?
Das Ptolemäische Weltbild.
Aus einer Schrift des 17. Jh.

Psalmwort: „Ich habe gesagt: Ihr seid Götter und allzumal Kinder des Höchsten." Denn mit Recht nimmt man an, daß die siebzig Dolmetscher den prophetischen Geist empfangen haben, so daß man überzeugt sein darf, was sie unter seiner Einwirkung änderten und worin sie vom Urtext abwichen, sei gleichfalls Gottes Wort. Doch soll das hebräische Wort hier zweideutig sein, so daß man sowohl „Gottessöhne" als auch „Göttersöhne" übersetzen kann.

Lassen wir also die Fabeln beiseite, die sich in apokryphen Schriften finden, sogenannt, weil ihre dunkle Herkunft durch die Väter nicht aufgeklärt werden konnte, von denen in gesicherter und bekannter Abfolge die Autorität der wahren Schriften bis zu uns gelangte. Wenn sich auch in diesen Apokryphen manches Wahre findet, besitzen sie doch wegen ihrer vielen Irrtümer kein kanonisches Ansehen. Daß jedoch jener Henoch, der siebte von Adam, einiges geschrieben hat, was göttlich ist, können wir nicht leugnen, da es der Apostel Judas in seinem kanonischen Briefe sagt. Doch nicht ohne Grund gehört Henochs Schrifttum nicht zu dem Schriftenkanon, der im Tempel des hebräischen Volkes von aufeinanderfolgenden Priestern sorgfältig aufbewahrt wurde. Man hielt die Glaubwürdigkeit dieses Schrifttums wohl wegen seines Alters für zweifelhaft und konnte nicht feststellen, ob Henoch wirklich der Verfasser war, da es nicht von solchen Leuten empfohlen wurde, von denen man annehmen konnte, daß sie es in fortlaufender Reihe vorschriftsmäßig aufbewahrt hatten. Darum stammen die Fabelgeschichten von Riesen, die keine Menschen zu Vätern gehabt haben sollen, welche unter Henochs Namen gehen, nach dem zutreffenden Urteil der Verständigen schwerlich von ihm. Bringen doch die Ketzer viel dergleichen unter dem Namen auch anderer Propheten, dazu Neueres unter dem Namen der Apostel, auf den Plan, was bei sorgfältiger Prüfung als apokryphes Schrifttum samt und sonders von kanonischer Geltung ausgeschlossen ward. Demnach hat es nach den kanonischen, hebräischen und christlichen Schriften ohne Zweifel schon vor der Sündflut viele Riesen gegeben, die Bürger der erdgeborenen Genossenschaft waren; die nach dem Fleisch von Seth abstammenden Gottessöhne aber haben unter Preisgabe der Gerechtigkeit sich ihr angeschlossen. Und es ist nicht zu verwundern, daß auch sie Riesen erzeugen konnten. Denn wenn es auch nicht lauter Riesen waren, so gab es doch damals deren viel mehr als in den späteren Zeiten nach der Sündflut. Es gefiel dem Schöpfer, sie zu schaffen, um auch dadurch darauf hinzuweisen, daß Körpergröße und Kraft ebensowenig wie Schönheit dem Weisen großen Eindruck machen sollen. Denn er wird von geistlichen, unvergänglichen, weit besseren und sichereren, nur den Guten eignenden, nicht den Guten und Bösen gemeinsamen Gütern beseligt. Das legt uns ein anderer Prophet ans Herz und sagt: „Es waren vor Zeiten Riesen, große berühmte Leute und gute Krieger. Die hat der Herr nicht erwählt, noch ihnen den Weg der Erkenntnis offenbart, sondern sie sind untergegangen. Weil sie keine Weisheit hatten, sind sie zugrunde gegangen in ihrem Übermut."

TROST

ROSE AUSLÄNDER

Erzengel Luzifer
ich will deinen
Ungehorsam liebkosen
die gefallenen Flügel
mit meinen gebrochenen
umarmen
dich trösten mit meinem
verwundeten Wort

10 DIE GEFALLENEN FLÜGEL UMARMEN
William Blake: Lucifer, um 1810.

3 GEBURTSWEGE

DER ENGEL

MICHAIL LERMONTOW

Um Mitternacht flog, flog am Himmel entlang
Ein Engel und leise er sang.
Und Sterne und Mond und die Wolken all,
Sie lauschten dem heiligen Hall.

Von seligen, sündlosen Seelen er sang
Im Schatten von Eden; so erklang
Das Lob des allmächtigen Gottes fürwahr
Im Lied ungeheuchelt und klar.

Er trug eine junge Seele im Arm
Zur Welt, hin zu Trauer und Harm.
Der Klang dieses Liedes, er blieb für und für
Ganz wortlos lebendig in ihr.

Sie quält sich auf Erden in bitterem Los.
Wie war ihr Verlangen so groß!
Vergaß sie beim irdischen Trauergesang
Doch nie jenen himmlischen Klang.

DER ENGEL

CHRISTIAN MORGENSTERN

„Wo bist du hin? Noch eben warst du da –
Was wandtest du dich wieder abwärts, wehe,
nach jenem Leben, das ich nicht verstehe,
und warst mir jüngst doch noch so innig nah.

Ich soll hinab mit dir in deine Welt,
aus der die Schauer der Verwesung hauchen,
ins Reich des Todes soll ich mit dir tauchen,
das wie ein Leichnam fort und fort zerfällt?

Wohl gibt es meinesgleichen, eingeweiht
in eure fürchterlichen Daseinsstufen …
Doch ich bin's nicht. Nur wie verworrnes Rufen
erschreckt das Wort mich Eurer Zeitlichkeit.

Laß mich mein Haupt verhüllen, bis du neu
mir wiederkehrst, so rein, wie ich dich liebe,
von nichts erfüllt als süßem Geistestriebe
und deinem Urbild wieder strahlend treu."

GABRIEL

LUKAS 1,5–2,21

Zu der Zeit des Herodes, des Königs von Judäa, lebte ein Priester von der Ordnung Abija, mit Namen Zacharias, und seine Frau war aus dem Geschlecht Aaron und hieß Elisabeth.
Sie waren aber alle beide fromm vor Gott und lebten in allen Geboten und Satzungen des Herrn untadelig.
Und sie hatten kein Kind; denn Elisabeth war unfruchtbar, und beide waren hochbetagt.
Und es begab sich, als Zacharias den Priesterdienst vor Gott versah, da seine Ordnung an der Reihe war,
daß ihn nach dem Brauch der Priesterschaft das Los traf, das Räucheropfer darzubringen; und er ging in den Tempel des Herrn.
Und die ganze Menge des Volkes stand draußen und betete zur Stunde des Räucheropfers.
Da erschien ihm der Engel des Herrn und stand an der rechten Seite des Räucheraltars.
Und als Zacharias ihn sah, erschrak er, und es kam Furcht über ihn.
Aber der Engel sprach zu ihm: Fürchte dich nicht, Zacharias, denn dein Gebet ist erhört, und deine Frau Elisabeth wird dir einen Sohn gebären, und du sollst ihm den Namen Johannes geben.
Und du wirst Freude und Wonne haben, und viele werden sich über seine Geburt freuen.
Denn er wird groß sein vor dem Herrn; Wein und starkes Getränk wird er nicht trinken und wird schon von Mutterleib an erfüllt werden mit dem heiligen Geist.
Und er wird vom Volk Israel viele zu dem Herrn, ihrem Gott, bekehren.
Und er wird vor ihm hergehen im Geist und in der Kraft Elias, zu bekehren die Herzen der Väter zu den Kindern und die Ungehorsamen zu der Klugheit der Gerechten, zuzurichten dem Herrn ein Volk, das wohl vorbereitet ist.
Und Zacharias sprach zu dem Engel: Woran soll ich das erkennen? Denn ich bin alt, und meine Frau ist betagt.
Der Engel antwortete und sprach zu ihm: Ich bin Gabriel, der vor Gott steht, und bin gesandt, mit dir zu reden und dir dies zu verkündigen.
Und siehe, du wirst stumm werden und nicht reden können bis zu dem Tag, an dem dies geschehen wird, weil du meinen Worten nicht geglaubt hast, die erfüllt werden sollen zu ihrer Zeit.
Und das Volk wartete auf Zacharias und wunderte sich, daß er so lange im Tempel blieb.
Als er aber herauskam, konnte er nicht mit ihnen reden; und sie merkten, daß er eine Erscheinung gehabt hatte im Tempel. Und er winkte ihnen und blieb stumm.
Und es begab sich, als die Zeit seines Dienstes um war, da ging er heim in sein Haus.
Nach diesen Tagen wurde seine Frau Elisabeth schwanger und hielt sich fünf Monate verborgen und sprach:
So hat der Herr an mir getan in den Tagen, als er mich angesehen hat, um meine Schmach unter den Menschen von mir zu nehmen.

Und im sechsten Monat wurde der Engel Gabriel von Gott gesandt in eine Stadt in Galiläa, die heißt Nazareth, zu einer Jungfrau, die vertraut war einem Mann mit Namen Josef vom Hause David; und die Jungfrau hieß Maria.
Und der Engel kam zu ihr hinein und sprach: Sei gegrüßt, du Begnadete! Der Herr ist mit dir!
Sie aber erschrak über die Rede und dachte: Welch ein Gruß ist das?
Und der Engel sprach zu ihr: Fürchte dich nicht, Maria, du hast Gnade bei Gott gefunden.
Siehe, du wirst schwanger werden und einen Sohn gebären, und du sollst ihm den Namen Jesus geben.
Der wird groß sein und Sohn des Höchsten genannt werden; und Gott der Herr wird ihm den Thron seines Vaters David geben,
und er wird König sein über das Haus Jakob in Ewigkeit, und sein Reich wird kein Ende haben.
Da sprach Maria zu dem Engel: Wie soll das zugehen, da ich doch von keinem Mann weiß?
Der Engel antwortete und sprach zu ihr: Der heilige Geist wird über dich kommen, und die Kraft des Höchsten wird dich überschatten; darum wird auch das Heilige, das geboren wird, Gottes Sohn genannt werden.
Und siehe, Elisabeth, deine Verwandte, ist auch schwanger mit einem Sohn, in ihrem Alter, und ist

11 DER ENGEL GABRIEL, VON GOTT GESANDT ...
Fra Angelico: Die Verkündigung, um 1443.

jetzt im sechsten Monat, von der man sagt, daß sie unfruchtbar sei.
Denn bei Gott ist kein Ding unmöglich.
Maria aber sprach: Siehe, ich bin des Herrn Magd; mir geschehe, wie du gesagt hast. Und der Engel schied von ihr.

Maria aber machte sich auf in diesen Tagen und ging eilends in das Gebirge zu einer Stadt in Juda und kam in das Haus des Zacharias und begrüßte Elisabeth.
Und es begab sich, als Elisabeth den Gruß Marias hörte, hüpfte das Kind in ihrem Leibe. Und Elisa-

12 WIE SOLL DAS ZUGEHEN...?
Leiko Ikemura: Verkündigung, 1885.

beth wurde vom heiligen Geist erfüllt und rief laut und sprach: Gepriesen bist du unter den Frauen, und gepriesen ist die Frucht deines Leibes!
Und wie geschieht mir das, daß die Mutter meines Herrn zu mir kommt?
Denn siehe, als ich die Stimme deines Grußes hörte, hüpfte das Kind vor Freude in meinem Leibe.
Und selig bist du, die du geglaubt hast! Denn es wird vollendet werden, was dir gesagt ist von dem Herrn.
Und Maria sprach: Meine Seele erhebt den Herrn, und mein Geist freut sich Gottes, meines Heilandes; denn er hat die Niedrigkeit seiner Magd angesehen. Siehe, von nun an werden mich selig preisen alle Kindeskinder.
Denn er hat große Dinge an mir getan, der da mächtig ist und dessen Name heilig ist.

Und seine Barmherzigkeit währt von Geschlecht zu Geschlecht bei denen, die ihn fürchten.
Er übt Gewalt mit seinem Arm und zerstreut, die hoffärtig sind in ihres Herzens Sinn.
Er stößt die Gewaltigen vom Thron und erhebt die Niedrigen.
Die Hungrigen füllt er mit Gütern und läßt die Reichen leer ausgehen.
Er gedenkt der Barmherzigkeit und hilft seinem Diener Israel auf, wie er geredet hat zu unsern Vätern, Abraham und seinen Kindern in Ewigkeit.
Und Maria blieb bei ihr etwa drei Monate; danach kehrte sie wieder heim.

Und für Elisabeth kam die Zeit, daß sie gebären sollte; und sie gebar einen Sohn.
Und ihre Nachbarn und Verwandten hörten, daß der Herr große Barmherzigkeit an ihr getan hatte, und freuten sich mit ihr.
Und es begab sich am achten Tag, da kamen sie, das Kindlein zu beschneiden, und wollten es nach seinem Vater Zacharias nennen.
Aber seine Mutter antwortete und sprach: Nein, sondern er soll Johannes heißen.
Und sie sprachen zu ihr: Ist doch niemand in deiner Verwandtschaft, der so heißt.
Und sie winkten seinem Vater, wie er ihn nennen lassen wollte.
Und er forderte eine kleine Tafel und schrieb: Er heißt Johannes. Und sie wunderten sich alle.
Und sogleich wurde sein Mund aufgetan und seine Zunge gelöst, und er redete und lobte Gott.
Und es kam Furcht über alle Nachbarn; und diese ganze Geschichte wurde bekannt auf dem ganzen Gebirge Judäas.
Und alle, die es hörten, nahmen's zu Herzen und sprachen: Was meinst du, will aus diesem Kindlein werden? Denn die Hand des Herrn war mit ihm.

Und sein Vater Zacharias wurde vom heiligen Geist erfüllt, weissagte und sprach: Gelobt sei der Herr, der Gott Israels! Denn er hat besucht und erlöst sein Volk und hat uns aufgerichtet eine Macht des Heils im Hause seines Dieners David
– wie er vorzeiten geredet hat durch den Mund seiner heiligen Propheten –,
daß er uns errettete von unsern Feinden und aus der Hand aller, die uns hassen,
und Barmherzigkeit erzeigte unsern Vätern und gedächte an seinen heiligen Bund
und an den Eid, den er geschworen hat unserm Vater Abraham, uns zu geben,
daß wir, erlöst aus der Hand unsrer Feinde,
ihm dienten ohne Furcht unser Leben lang in Heiligkeit und Gerechtigkeit vor seinen Augen.
Und du, Kindlein, wirst ein Prophet des Höchsten heißen. Denn du wirst dem Herrn vorangehen, daß du seinen Weg bereitest,
und Erkenntnis des Heils gebest seinem Volk in der Vergebung ihrer Sünden,
durch die herzliche Barmherzigkeit unseres Gottes durch die uns besuchen wird das aufgehende Licht aus der Höhe, damit es erscheine denen, die sitzen in Finsternis und Schatten des Todes, und richte unsere Füße auf den Weg des Friedens.
Und das Kindlein wuchs und wurde stark im Geist. Und er war in der Wüste bis zu dem Tag, an dem er vor das Volk Israel treten sollte.

Es begab sich aber zu der Zeit, daß ein Gebot von dem Kaiser Augustus ausging, daß alle Welt geschätzt würde.
Und diese Schätzung war die allererste und geschah zur Zeit, da Quirinius Statthalter in Syrien war.
Und jedermann ging, daß er sich schätzen ließe, ein jeder in seine Stadt.
Da machte sich auf auch Josef aus Galiläa, aus der Stadt Nazareth, in das jüdische Land zur Stadt Davids, die da heißt Bethlehem, weil er aus dem Hause und Geschlechte Davids war, damit er sich schätzen ließe mit Maria, seinem vertrauten Weibe; die war schwanger.
Und als sie dort waren, kam die Zeit, daß sie gebären sollte.
Und sie gebar ihren ersten Sohn und wickelte ihn in Windeln und legte ihn in eine Krippe; denn sie hatten sonst keinen Raum in der Herberge.
Und es waren Hirten in derselben Gegend auf dem Felde bei den Hürden, die hüteten des Nachts ihre Herde.
Und der Engel des Herrn trat zu ihnen, und die Klarheit des Herrn leuchtete um sie; und sie fürchteten sich sehr.
Und der Engel sprach zu ihnen: Fürchtet euch nicht! Siehe, ich verkündige euch große Freude, die allem Volk widerfahren wird;
denn euch ist heute der Heiland geboren, welcher ist Christus, der Herr, in der Stadt Davids.
Und das habt zum Zeichen: ihr werdet finden das

Kind in Windeln gewickelt und in einer Krippe liegen.
Und alsbald war da bei dem Engel die Menge der himmlischen Heerscharen, die lobten Gott und sprachen:
Ehre sei Gott in der Höhe und Friede auf Erden bei den Menschen seines Wohlgefallens.
Und als die Engel von ihnen gen Himmel fuhren, sprachen die Hirten untereinander: Laßt uns nun gehen nach Bethlehem und die Geschichte sehen, die da geschehen ist, die uns der Herr kundgetan hat.
Und sie kamen eilend und fanden beide, Maria und Josef, dazu das Kind in der Krippe liegen.
Als sie es aber gesehen hatten, breiteten sie das Wort aus, das zu ihnen von diesem Kinde gesagt war.
Und alle, vor die es kam, wunderten sich über das, was ihnen die Hirten gesagt hatten.
Maria aber behielt alle diese Worte und bewegte sie in ihrem Herzen.
Und die Hirten kehrten wieder um, priesen und lobten Gott für alles, was sie gehört und gesehen hatten, wie denn zu ihnen gesagt war.
Und als acht Tage um waren und man das Kind beschneiden mußte, gab man ihm den Namen Jesus, wie er genannt war von dem Engel, ehe er im Mutterleib empfangen war.

13 ICH VERKÜNDIGE EUCH GROSSE FREUDE ...
William Blake: Die Engelglorie, 1809.

VERLORENES PARADIES

RAFAEL ALBERTI

Durch die Jahrhunderte,
hin durch das Nichts der Welt
ohne Schlaf suche ich dich.

Hinter mir, nicht zu erkennen,
ohne meine Schultern zu streifen,
mein toter Engel wacht.

Das Paradies, wo ist es,
Schattenbild, das du gewesen?
Frage in Schweigen.

Städte ohne Antwort,
Flüsse ohne Sprache, Gipfel
echolos, Meere stumm.

Keiner weiß es. Menschen
stehen am Ufer unbewegt,
eine Gräberparade,

sie wollen mich nicht kennen. Trübsinnige Vögel,
steingewordner Gesang,
die verzückte Flugbahn,

Blinde! Sie wissen von nichts.
Uralte Winde, sonnenlose,
am Rand der Städte, zu kraftlos,

um zu wehen, erheben sich,
ausgeglüht, und stürzen
rücklings hin, sprechen kaum.

Aufgelöst und die Wahrheit
gestaltlos in sich verborgen,
fliehen mir die Himmel.

Schon am Ende der Welt,
auf dem letzten Rand,
gleiten die Augen hin,

erstorben in mir die Hoffnung,
suche ich jenen grünen Portikus
in den schwarzen Schlünden.

O Schatten-Spalt!
Gebrodel der Welt!
Von Jahrhunderten welche Wirrnis!

Zurück! Zurück! Welch ein Bedrohen
lautloser Finsternis!
Welch Untergang meiner Seele!

Wach auf, toter Engel.
Wo bist du? Erhelle
mit deinem Strahl die Rückkehr.

Schweigen. Tieferes Schweigen.
Unbewegt die Pulse
der Endlosigkeit der Nacht.

Verlorenes Paradies!
Verloren, da ich dich suchte,
ich, ohne Licht für immer.

ZWEITER CHOR DER ENGEL

VON FLÜGELN ZUGEDECKT – LIEBEN UND LEIDEN UNTER ENGELN

„So lieb, wie Schwabens Mägdelein
Giebts keine weit und breit.
Die Engel in dem Himmel freu'n
Sich ihrer Herzlichkeit."

Friedrich Hölderlin

Die Liebe begleitet den Menschen vom Anfang her. Sie rief ihn ins Leben. Denn Gott ist Liebe, wissen die, die um Jesus waren, wissen die Propheten und Mystiker. Jesus lebte das Ideal der Nächsten- und Feindesliebe. Menschen lieben die Umwelt, die Tiere, den Mann, die Frau. Kennen Engel auch den zitternden Flügelschlag der Liebe?
Wir unterscheiden Sexualität, Eros und Agape. Nach kirchlicher Lehre leben Engel streng zölibatär. Sie sind Vorbild der geschlechtsfreien religiösen Liebe. Keusch wie ein Engel soll der Mönch leben. Gottfried Benn besingt die reine Stirn der Engel. Das sind zwei Stimmen in diesem Chor voll Liebeslust und Liebesleid. Lyrikerinnen entdecken den Engel als Gleichnis der Liebe zwischen Mann und Frau. Der homosexuelle Dichter Hans Henny Jahnn preist die reife Männlichkeit seines Engels.

1 DECK' MICH MIT DEINEN FLÜGELN ZU

ENGEL, LASS DIE ZEIT STILLSTEHN

MARIUS MÜLLER-WESTERNHAGEN

DECK MICH MIT DEINEN
FLÜGELN ZU
UND LASS MICH EINE WEILE
RUHN
DER WEG WAR WEIT
DER WEG WAR WEIT

ALS DIE GÖTTER DICH
GESANDT
HAB' ICH DICH NICHT EINMAL
ERKANNT
DU BIST ZU WAHR
UM WAHR ZU SEIN

ENGEL, LASS DIE ZEIT
STILLSTEHN
LEHR MICH ZU VERSTEHN
LEHR MICH DANKBAR SEIN
ENGEL, LASS UNS EIN WUNDER
TUN
DIE WELT SOLL WISSEN, WARUM
SICH ZU LIEBEN LOHNT
ENGEL, DAS WÄR SCHÖN

MEINE SEELE WAR VEREIST
UND MEIN HERZ WAR LÄNGST
VERGREIST
ALLES, WAS ICH DACHTE
WAR WARUM

DU HAST MICH IN LICHT
GETAUCHT
HAST MIR GEZEIGT, DASS,
WENN ICH GLAUB'
MEINE SEHNSUCHT
STERNE SCHMELZEN KANN

ENGEL, LASS DIE ZEIT
STILLSTEHN
LEHR MICH ZU VERSTEHN
LEHR MICH DANKBAR SEIN
ENGEL, LASS UNS EIN WUNDER
TUN
DIE WELT SOLL WISSEN, WARUM
SICH ZU LIEBEN LOHNT
ENGEL, DAS WÄR SCHÖN

DECK MICH MIT DEINEN
FLÜGELN ZU
UND LASS MICH EINE WEILE
RUHN
DER WEG WAR WEIT
DER WEG WAR WEIT

NUN RUHEN ALLE WÄLDER

PAUL GERHARDT

Nun ruhen alle Wälder,
Vieh, Menschen, Städt und Felder,
es schläft die ganze Welt;
ihr aber, meine Sinnen,
auf, auf, ihr sollt beginnen,
was eurem Schöpfer wohlgefällt.

Wo bist du, Sonne, blieben?
Die Nacht hat dich vertrieben,
die Nacht, des Tages Feind.
Fahr hin; ein andre Sonne,
mein Jesus, meine Wonne,
gar hell in meinem Herzen scheint.

Der Tag ist nun vergangen,
die güldnen Sternlein prangen
am blauen Himmelssaal;
also werd ich auch stehen,
wann mich wird heißen gehen
mein Gott aus diesem Jammertal.

Der Leib eilt nun zur Ruhe,
legt ab das Kleid und Schuhe,
das Bild der Sterblichkeit;
die zieh ich aus, dagegen
wird Christus mir anlegen
den Rock der Ehr und Herrlichkeit.

Das Haupt, die Füß und Hände
sind froh, daß nun zum Ende
die Arbeit kommen sei.
Herz, freu dich, du sollst werden
vom Elend dieser Erden
und von der Sünden Arbeit frei.

Nun geht, ihr matten Glieder,
geht hin und legt euch nieder,
der Betten ihr begehrt.

Es kommen Stund und Zeiten,
da man euch wird bereiten
zur Ruh ein Bettlein in der Erd.

Mein Augen stehn verdrossen,
im Nu sind sie geschlossen.
Wo bleibt dann Leib und Seel?
Nimm sie zu deinen Gnaden,
sei gut für allen Schaden,
du Aug und Wächter Israel'.

Breit aus die Flügel beide,
o Jesu, meine Freude,
und nimm dein Küchlein ein.
Will Satan mich verschlingen,
so laß die Englein singen:
„Dies Kind soll unverletzet sein."

Auch euch, ihr meine Lieben,
soll heute nicht betrüben
kein Unfall noch Gefahr.
Gott laß euch selig schlafen,
stell euch die güldnen Waffen
ums Bett und seiner Engel Schar.

AUSZUG AUS: SCHNEE

MARIE LUISE KASCHNITZ

Sagt mir doch nicht
Es gäbe keine Engel mehr
Wenn Ihr die Liebe gekannt habt
Ihre rosigen Flügelspitzen
Ihre eherne Strenge.

PARADIES

HEIMO SCHWILK

von sonne gesüßt
wiegen gelbe
birnen im
winde sich

lichtgedeckt
wartet der
tisch marmorn
im ölbaumschatten
zikaden
zirpen das
tischgebet

brich'
eine bresche
in die mauer
cherubim
und laß'
uns ein!

„KOMM ENGEL ..."

ROSE AUSLÄNDER

Komm Engel
treib uns
ins Paradies

Dort sind wir
zwei winzig
kleine Blumen

15 WENN IHR DIE LIEBE GEKANNT HABT …
Marc Chagall: Meiner Frau, 1933.

EIN FAULER HUND

USCHI NEUHAUSER

Ich habe ihn gesehen. Ich weiß es ganz genau, es war in der Hamburger U-Bahn, da saß er mir gegenüber. Männlich. Und ohne Flügel. Das weitere ist schon schwerer zu beschreiben. Aber ich erinnere mich, daß alles stimmte. Die Gesichtszüge, die Gestalt, die Haltung, Größe, Kleidung.
In seiner Nähe fühlte ich mich gut. Wohltemperiert. Entspannt. Totale Harmonie. Seine Augen strahlten derart, daß sie eigenartig farblos waren. Ich fixierte ihn, ohne verlegen zu werden. Nichts beunruhigte mich an ihm, störte mich. Ich war weder steif vor Schreck noch angeturnt. Ich befand mich in völliger Balance. Wir schwiegen sanft. Landungsbrücken stieg er aus.
Er hat nichts getan, was man von Engeln sonst erwarten darf: Er hat mich nicht gerettet. Er hat mich auch nicht auf den rechten Pfad geführt. Er hat meine dringendsten Probleme nicht gelöst. Ein fauler Hund. Für einen Flügelschlag lang bescherte er nichts als ein himmlisches Gefühl.

IHR SEHT SIE NICHT

NELLY SACHS

Ihr Ungeübten, die in den Nächten
nichts lernen.
Viele Engel sind euch gegeben
Aber ihr seht sie nicht.

GEOGRAPHIE DER LUST

JÜRG FEDERSPIEL

Drei Stunden später, es war fast Mitternacht, stand O'Hara selber, nicht Lucia, wieder vor dem Bett Lauras, die noch immer wie ein Murmeltier überwinterte. Sie glaubte Schneeflocken auf der Haut zu spüren, als die Bandagen abgelöst, die Konturen gekühlt und von sanften Tüchelchen bedeckt wurden; sie atmete glücklich. „Es herrscht noch immer Winter, mein Kind", flüsterte O'Hara, „schlaf weiter, weiter, weiter."
Er ging zum Fenster und sah in die Nacht hinaus. Der Mond über den sanften Hügeln war zunehmend, und Omai O'Hara erkannte die drei ersten Engel des Mondes: Yahriel, Ichadiel, Elimiel; – er konnte ihre Gesichter genau unterscheiden. Bis zur Nacht des Vollmondes würden auch die vier andern Engelsgesichter für ihn sichtbar werden: das Gesicht Gabriels, Tsaphiels, Zechariels und Iaqwiels.
Sie waren seine Freunde.
Omai O'Hara pflegte seit seinem dreizehnten Lebensjahr jede Vollmondnacht nackt und bewegungslos auf dem Dach eines Hauses oder auf freiem Feld zu verbringen und, ohne einmal zu blinzeln, den Mond zu betrachten.
Seine nackte, wirkliche Haut war während der einundvierzig Lebensjahre mondfarbig geworden. Er hatte sie mit Gold oder Silber, oft nur mit fettem kalifornischem Sonnenöl eingerieben. In Vietnam pflegte er im Mondlicht nackt bis in den frühen Morgen zu warten, zum Entsetzen und Gelächter seiner Mannschaft, die die Nächte mit Wetten verbrachte. Nicht ein einziges Mal wurde auf ihn geschossen.
Er wurde schließlich frühzeitig, aber ehrenvoll entlassen, als seelisch und geistig unzurechnungsfähiger Mensch.
Die Engel des Mondes waren seine Freunde geworden. Zwar sprachen sie nie mit ihm – Engel sprechen Menschen nur im Schlaf an –, dennoch

wußte O'Hara, daß sie ihn erkannt und zumindest ihm die Schimpflichkeit der menschlichen Mondlandung verziehen hatten.
Er hatte einen großen Plan, einen ganz und gar konkreten Plan. Einen geistigen Plan, der nichts zu tun hatte mit dem stupiden und nutzlos ultratechnischen Versuch zur Eroberung des Mondes, der ja erloschen und tot war. Omai O'Hara wollte den Mond verschönern, nicht erobern. Und dieser Gedanke gefiel den Engeln des Mondes.
Nach einer Stunde der Meditation kehrte er in sein Zimmer zurück, blieb wach liegen und ließ sich von Lucia, vom warmen Glanz ihrer Haut, wärmen wie von der Sonne des Mittelmeeres.

Drei Stunden später erhob er sich. Drei Stunden entsprechen der Zeitdauer, die nach einer Studie der Universität von Indiana sieben siebenjährige Knaben benötigen, um siebenmal einen Orgasmus zu erreichen. Lucia seufzte tief.

Laura schlief noch immer. O'Hara entblößte ihren Hintern und studierte mit seinem Lupenmonokel die Verkrustungen der tätowierten Linien, die ausgetrocknet waren. Dennoch wollte er nichts dem Zufall überlassen, obschon ihn sein Drang, mit der Ausübung seiner Kunst zu beginnen, quälte.
Er beschloß, drei weitere Stunden zu warten.

Der Engel, zuständig für die Zeit, besitzt keinen Namen. Dennoch existiert dieser Engel, und er wird von Engel-Forschern so beschrieben: „Er steht zwischen Himmel und Erde, trägt eine weiße Robe mit Flügeln aus Flammen und einen goldenen Heiligenschein um das Haupt … Ein Fuß bedeckt das Land, der andere das Meer, die Sonne geht hinter ihm auf, und auf seiner Stirn blendet das Zeichen für Ewigkeit und Leben: der Kreis."

Omai O'Hara erkannte seine Anwesenheit, betete und bat ihn um zwei Tage Zeit. Nur zwei Tage, um alles zu vollenden. Alles.
Dieser Wunsch, wie wir vernehmen müssen, wurde erfüllt. Allerdings nicht im Sinne Omai O'Haras, dem die Astrologen wie üblich ein langes Leben vorausgesagt hatten.

Drei Stunden später, der Morgen dämmerte, begann er sein Werk.
Laura erwachte nicht aus ihrer Hypnose.
Afrika, damit begann er nach langer Reflexion, im Herzen Afrikas, das die Europäer Kongo genannt hatten, wo die finsteren Missionare die hellen Seelen der sogenannten Eingeborenen verdunkelt hatten.
Blut überall, Brutalität. Er sah alles vor sich, wie Ausschnitte aus einem Film vor der Erfindung der Kinematographie. Gewalt.
Nach einer Weile bepinselte er sämtliche Kontinente mit roter Wasserfarbe, Blut, ließ einzelne Stellen wieder weiß werden auf der wunderbaren Mädchenhaut, tupfte grüne Flecken von Wasserfarbe auf, entfernte sie sorgsam wieder, trug Gelb auf im Norden, Wüsteneien, das Grau des Hungers und des Hoggar-Massivs.
Omai O'Hara fiel in Trance, aufrecht kniend, leer wie das Universum im fetten Bauche Buddhas, in dem ein Lichtstrahl acht Milliarden Lichtjahre – von Bauchwand zu Bauchwand – durchwandert: Buddha, der Hochstapler des Nichts.
Endlich begannen sich Finger und Hände O'Haras wieder in Bewegung zu setzen, wie im Puppentheater gelenkt.
In zwei Stunden schuf er Afrika, das vergangene, das neue und das künftige Afrika, das nun hübsch und attraktiv aussah, wenn man es nur wenige Minuten betrachtete.
Und so hatte es O'Hara beabsichtigt: hübsch und attraktiv, wenn man es nur oberflächlich betrachtete. Für den, der es länger betrachtete, würde es die schreckliche Ausstrahlung eines Medusenhauptes haben.

Als Laura erwachte, die Körpermitte wie die eines Säuglings verpackt und zugeschnürt, saß Lucia neben ihr und streichelte sanft ihren Nacken.
Laura öffnete langsam die Augen, betrachtete die Räumlichkeit wie eine unbekannte Gegend und hob den Kopf zu Lucia.
„Du? Gut, daß du da bist. Ich war die ganze Nacht in Afrika. Nie, nie, nie mehr möchte ich nach Afrika", lallte sie.
Lucia hatte ihr das Frühstück mitgebracht, Früchte, Brötchen und Butter, Capuccino und Süßigkeiten und begann sie liebevoll zu füttern.
Lauras Augenlider waren wie von Bienenstichen angeschwollen. Sie suchte nach Erinnerungsfetzen. „Signore Robusti ist nach Mailand gefahren", schwatzte Lucia. „Er sah aus, als dürfte er einer Hinrichtung beiwohnen, einer privaten natürlich.

16 VIELE ENGEL SIND EUCH GEGEBEN …
Marc Chagall: Die Hochzeit, 1918.

Er komme erst zurück, wenn der Meister das Werk beendet habe."
„Und er?" fragte Laura.
„Omai schläft", antwortete Lucia und verbesserte sich sogleich: „Mister O'Hara schläft. Und nun soll ich dich auspacken, abkühlen und all das, ja?"
Laura nickte, schob sich kleine Bissen in den Mund und ließ sich verarzten.
Als Lucia die Tätowierung der linken Hinterbacke erblickte, stockte ihr der Atem vor Bewunderung und Neid. Dann faßte sie sich: Der Meister hatte ihr befohlen, Lauras Haut nicht länger als nötig freizulegen, alles abzukühlen und sofort wieder mit frischen Tüchelchen zu bedecken. Und so geschah es auch.
Omai O'Hara erschien erst am späten Nachmittag. Er grüßte Laura kurz, winkte jedoch mit einer energischen Handbewegung ab, als sie zu reden begann. Er befahl Lucia, Tücher zu holen, möglichst dunkle Tücher, um die Fenster zu verdun-

keln. Kein Lichtstrahl, kein Lichtschimmer sollte eindringen. Lucia fand sogar schwarze Leintücher, sargschwarze; O'Hara verdeckte die drei hohen Fenster und schickte Lucia hinaus.
„Klopf in drei Stunden an die Tür", sagte O'Hara mit seltsam leiser Stimme, „aber leise, ja leise. Und schließe die Tür sorgfältig hinter dir ab. Ich danke dir."
Sie verließ das Zimmer.
O'Hara entfernte die Tücher von Lauras Rückenende, betrachtete und betastete die Tätowierung. Ohne daß er sie dazu aufforderte, begab sich Laura in Kniestellung. Sie vernahm die Geräusche, die so sanften, wenn jemand sich auszieht.
Dann erblickte sie die nackte Gestalt eines Mannes, mondlichtglänzend, phosphoreszierend, winzige Lichtstrahlen auf den Fingerspitzen, mit denen er ihre geschlossenen Augenlider streichelte.
Laura schlief sofort ein.

Omai O'Hara begann mit der Arbeit: Südamerika, Europa, Australien.
Die winzigen Nadeln, die er von Zeit zu Zeit austauschte, surrten, setzten, dank seiner Ambidextrie, mit der Perfektion zweier Computer Punkt neben Punkt auf die Haut, so rasch, daß er Australien und Südamerika in derselben Minute vollendete.
Schweißtropfen, die sich zu kleinen Bächen zusammenfanden, näßten seinen mondhellen Körper, verschwanden in Gruben und Falten der Haut und flossen auf den Teppich.
Dann Europa: das herzlose Hirn, und dahinter die Endlosigkeit Asiens.
O'Hara ließ sich zurückfallen, ruhte aus, ohne die Augen zu schließen.
Eine Stunde verging: So lange benötigt ein Samen, um das wartende weibliche Ei zu erreichen, dort an die Tür zu klopfen und um Einlaß zu bitten, der besonders in unnötigen Fällen gewährt wird. In den meisten Fällen ist es unnötig.
Nein – das eigentliche Werk begann erst jetzt.
Omai O'Hara hatte in jahrelangen Experimenten eine Flüssigkeit herzustellen versucht, die bei innigem, verzehrendem Verlangen Töne, Musik aus der menschlichen Haut hervorzaubern sollte.
Ja, Musik.
Die Haut, so hatte er immer geahnt, ist das Tiefste am Menschen. Wenn die Haut tatsächlich das Tiefste war, so wußte sie Musik nicht nur zu empfangen, sondern auch auszusenden.
Omai O'Haras Lieblingskomponist war Vivaldi und dessen Werk *Die vier Jahreszeiten*.

Der Engel Salius, ein Dämon der siebten Stunde, ist in seinem persönlichen universellen Kreis und unter seinen Kollegen als ein Schalk bekannt, der besonders den Erdlingen Wahnvorstellungen eingab. So etwa die synthetische Herstellung von Gold, die Quadratur des Kreises, die allgemeine Liebe von Mensch zu Mensch, den ewigen Frieden auf Erden, das Perpetuum mobile, die unwiderlegbare Beweisführung der Existenz Gottes und viele andere alberne Dinge.
Es war jedoch tatsächlich dieser Engel, der alle geschlossenen und versiegelten Türen zu öffnen vermochte; er war Herr und Meister aller magischen Künste. Vor allem liebte er die von Menschen als verrückt bezeichneten Genies. Er war allerdings launisch und unberechenbar und ließ verrückte Genies zuweilen einfach als verrückte Genies im Stich, gab sie dem Gelächter der Zeitgenossen gnadenlos preis, weshalb sie meist im Irrenhaus ihre letzten Jahre verbrachten. Ganz im Stich jedoch ließ der Engel Salius seine einstigen Günstlinge nie. Er besuchte sie in den Irrenhäusern und tröstete sie, indem er den Wahn in ihren Seelen aufrechterhielt.
O'Hara hatte die himmlische Existenz des Engels Salius vor vielen Jahren ausfindig gemacht und ihn um Hilfe gebeten. Immer und immer wieder.
Und der Engel half ihm.
Eines Morgens verfärbte sich die Flüssigkeit im Reagenzgläschen wie ein Kaleidoskop. Omai O'Hara stand davor, sang leise, dann etwas lauter vor sich hin, wartete atemlos: die Flüssigkeit begann ihm nachzusingen, kaum hörbar zuerst. Alles will gelernt sein. Und die Flüssigkeit lernte tatsächlich.
Nämlich zu singen, nicht nur zu singen, nachzusingen, sondern zu musizieren!
Das Element Flüssigkeit als Musik.
Und an jenem Tag, da O'Hara die Gnade des Engels Salius widerfuhr, rief ihn Signore Antonio Robusti aus Mailand an.
Mit einer Nadel tupfte O'Hara die *Vier Jahreszeiten* Antonio Vivaldis auf den prachtvollen Globus Laura Granatis, hörte die Musik ab Band, *I Musici di Roma*, tätowierte mit der Flüssigkeit des Engels Salius die Noten in die Haut und ließ Klang für Klang eindringen.

Nach weiteren drei Stunden ließ er Lucia kommen: Man möge einen Chauffeur nach Mailand schicken, um Signore Robusti abzuholen: das Werk sei nun beendet.
Lucia strahlte vor Glück. Nicht weil das Werk Laura nun vollendet war, sondern weil ihr der Meister in einer Liebesstunde eine Gazelle auf den Klumpfuß tätowiert hatte. Nicht als Belohnung für die Liebesstunden: Lucia wußte mehr über Robusti, als O'Hara hatte ahnen können. Sie kannte Namen, Verbindungen, Hintermänner und wußte sogar Bescheid über Robustis Direktverbindungen zu Kardinälen des Vatikans. Sie war die geborene Mata Hari, der Klumpfuß ihre raffinierte Tarnung. [...]

„Kehre zurück, mein Kind Laura", sprach O'Hara, „kehre zurück!"
Sie öffnete die Augen, verharrte jedoch in ihrer Kniestellung. Omai O'Hara hob einen schweren goldgerahmten Spiegel von der Wand und stellte ihn auf den Boden, unmittelbar vor die Rückseite des Mädchens.
„Schau zurück."
Laura gehorchte, starrte hinter sich, ungläubig, verträumt, bis Freude und Entsetzen zugleich ihr Gesicht in eine stierende Maske verwandelten, als wäre sie das erste Katzenwesen, das sich in einem Spiegel als Katze erkennt.
Sie weinte vor Glück.

Der Engel Shekinah, eine weibliche Manifestation Gottes in der himmlischen Engelheit, weilte hinter dem Spiegel und träumte vor sich hin. Zum ersten Mal beneidete sie einen Erdling und stellte sich vor, wie zum Beispiel die Milchstraße ihren Körper schmücken würde: lauter Sterne in anthrazitfarbigem Dunkel mit Blautönen, die zu ihren wunderbar blauen Augen passen würden.
Es wäre zu schön gewesen, doch die Ewigkeit hatte Shekinah allmählich eingeschüchtert, und sie wollte nicht zu den mehr als zehntausend gefallenen Engeln gehören, die laut Talmud in der Hölle schmoren.
Sie gab ihren Segen und verzog sich melancholisch. Die Ewigkeit ist manchmal zu ewig.

O'Hara sagte zu Laura: „Du gehörst dir. Ich war und bin nur ein Instrument der Mondengel, demütig und dankbar." Er räusperte sich. „Andererseits darf es kein Mißverständnis darüber geben, daß du mir gehörst wie ich dir. Heirat wäre das Naheliegendste, da ja Gatte und Gattin sozusagen gegenseitiger Besitz sind. Einverstanden?"
Laura antwortete nicht.
„Wir fahren morgen früh nach Mailand und fliegen nach Santa Fe", fügte er hinzu. „Noch heute nacht rufe ich meine Familie und meine Freunde an. Sie werden der Presse mitteilen, daß ich mit meinem großartigsten Kunstwerk zurückkehre."
Laura nickte.
„Da ich zur Zeit verheiratet bin, wird mein Bruder die Scheidung einleiten und sogleich vollziehen. Und nun hypnotisiere ich dich noch einmal und präge dir eine geheime Nummer ein, eine Telephonnummer. Bloß eine Sicherheitsmaßnahme. Alle andern Informationen gibt dir Lucia. Sie wird dich auch begleiten. Schlaf nun gut. Wir sehen uns morgen früh wieder."
Aber es sollte alles anders werden. [...]

Das Geräusch, das sie am nächsten Morgen im Hotelzimmer weckte, war das leichte Klacken des tastenden Blindenstocks, mit dem David eine leere Blumenvase berührte.
„Wo gehst du hin?" fragte sie ängstlich.
Er tastete sich zur Bettkante, setzte sich und legte die Hand auf ihr Knie.
„Avenue A."
„Was tust du dort?"
„Die Tauben füttern."
„Du hast Tauben?"
„Ich nicht. Gallagher."
„Und wer ist Gallagher?"
„Ein Freund. Er war in Vietnam."
Sie küßte ihn.
„Du bist reich?" fragte er. „Warum bist du reich?"
„Erbschaft", antwortete sie, „hast du etwas dagegen?"
„Geld ist immer Erbschaft", sagte er, „selbst wenn man eine Bank ausgeraubt hat, ist es Erbschaft."
„Ist es Sünde, Geld zu haben?" fragte Laura.
„Das können nur die Reichen beurteilen. Man hat Geld oder hat keins. Man kann weder gescheit noch dumm darüber reden."
David zog sich an und stieg in die Regenklamotten.
„Ich liebe dich", sagte Laura.
„Du hast zu viele amerikanische Filme gesehen", sagte David, nicht bemerkend – natürlich nicht –, wie ein mächtiger Engel an ihm vorbeiging, der Engel Sandalphon, auch Mitbruder genannt. San-

dalphon geht oft und fast immer zufällig durch Räume, in denen Menschen zu Liebenden geworden sind. Er ist der Engel, so besagt die jüdische Geheimlehre, dessen Erscheinen über das Geschlecht des eben gezeugten Embryos im Schoß einer Frau entscheidet.
Der Engel Sandalphon übte seine Funktion ziemlich gelangweilt aus. Kopf oder Zahl? Er warf eine Münze in die Luft und ließ sie auf den Handrücken fallen, gähnte. Er war am Fenster stehengeblieben, um während dieses für ihn unerheblichen Ereignisses einen Blick auf das idiotische Bild einer von Lichtern gleißenden, von Menschenwürmern belebten Großstadt zu werfen. Die Münze zeigte Kopf.
Ein Mädchen sollt ihr haben, sagte er zu sich. Bei einem blinden Vater ist ein Mädchen ohnehin besser aufgehoben.
Dann hob er sich und flog – ohne eine Bewegung der Flügel – zum nächsten Planeten. [...]

Robusti wohnte mit Gelassenheit dem Abtransport von O'Haras Leiche bei, hob das Tuch, das dessen Gesicht bedeckte, noch einmal hoch, um sicher zu sein, zwängte die Spitzen von Zeigefinger und Daumen zwischen eines der geschlossenen Augenlider und war beruhigt. Er war wie alle Ästheten grundsätzlich ein Gegner der Feuerbestattung, ja er beanspruchte für den Fall seines eigenen Todes, der ja nur ein Scheintod hätte sein können, den sogenannten Herzstich, der alle Überprüfungen, wie zum Beispiel leichter Niederschlag des Atems auf einem Spiegel, erübrigte.
O'Hara war tot. Die beiden Silberköfferchen ruhten bereits in einem Safe Robustis.
Die Siegesnacht, anders konnte man sie nicht bezeichnen, brachte viel Arbeit mit sich.
Robusti mußte sich telephonisch versichern, daß Omai O'Haras Leiche in Mailand gut angekommen war und für eine Obduktion am folgenden Tag bereitlag. Es war alles in Ordnung. Man dankte mit exquisiter Höflichkeit – *Grazie mille, Professore Robusti* –, Robusti war sonst nicht dafür bekannt, daß er um eine Leiche persönlich besorgt war. Man wußte es zu schätzen.

Während er schlief, schlich Lucia zu Laura, und erzählte ihr, was geschehen war.
Laura weinte, und Lucia weinte mit ihr. Lucia weinte wegen ihres Klumpfußes, eine ehrliche Trauer.
Ruman, ein Engel der unteren Ordnung, legte Laura seine rechte Hand auf die Stirn. Seine Hand bestand aus sechs Fingern, die gefächert waren wie drei Stimmgabeln. Die Hand des Engels Ruman zitterte. Lauras Trauer war also echt.
Rumans Aufgabe war es, die Verstorbenen zu sich zu rufen und alle ihre üblen Taten aufzuzeichnen, bevor er sie zu seinen Kollegen-Engeln Munkar und Nakir schickte. Beide Engel sind schwarz wie Kohle. Selbst die Flügel sind schwarz. Doch die Augen sind blau wie die eines Sees im Gebirge, kalt und hell. So besagt es die arabische Dämonologie.
Munkar und Nakir sind Meister im Kreuzverhör wie amerikanische Staatsanwälte im Film. Unschuld interessiert sie nicht. Wer interessiert sich schon für Unschuld? Schuld also. Der tote Omai O'Hara stand stolz, aufgerichtet wie ein Grenadier vor den Engeln Munkar und Nakir.
Er verurteilte sich selbst für seine Eitelkeit.
Da laut den Propheten alles eitel ist, alles, nickten ihm die beiden Engel Munkar und Nakir wohlwollend zu.

MENSCHEN GETROFFEN

GOTTFRIED BENN

Ich habe Menschen getroffen, die,
wenn man sie nach ihrem Namen fragte,
schüchtern – als ob sie gar nicht beanspruchen könnten,
auch noch eine Benennung zu haben –
„Fräulein Christian“ antworteten und dann:
„wie der Vorname“, sie wollten einem die
Erfassung erleichtern,

kein schwieriger Name wie „Popiol“ oder
„Babendererde“ –
„wie der Vorname“ – Bitte, belasten Sie Ihr
Erinnerungsvermögen nicht!

Ich habe Menschen getroffen, die
mit Eltern und vier Geschwistern in einer Stube
aufwuchsen, nachts, die Finger in den Ohren,
am Küchenherde lernten,
hochkamen, äußerlich schön und ladylike wie
Gräfinnen –
und innerlich sanft und fleißig wie Nausikaa,
die reine Stirn der Engel trugen.

Ich habe mich oft gefragt und keine Antwort
gefunden,
woher das Sanfte und das Gute kommt,
weiß es auch heute nicht und muß nun gehn.

DREI ENGEL BESUCHEN ABRAHAM UND SARA

GENESIS 18,1–15

Und der HERR erschien ihm im Hain Mamre, während er an der Tür seines Zeltes saß, als der Tag am heißesten war.
Und als er seine Augen aufhob und sah, siehe, da standen drei Männer vor ihm. Und als er sie sah, lief er ihnen entgegen von der Tür seines Zeltes und neigte sich zur Erde
und sprach: Herr, hab ich Gnade gefunden vor deinen Augen, so geh nicht an deinem Knecht vorüber.

Man soll euch ein wenig Wasser bringen, eure Füße zu waschen, und laßt euch nieder unter dem Baum.
Und ich will euch einen Bissen Brot bringen, daß ihr euer Herz labet; danach mögt ihr weiterziehen. Denn darum seid ihr bei eurem Knecht vorübergekommen. Sie sprachen: Tu, wie du gesagt hast.
Abraham eilte in das Zelt zu Sara und sprach: Eile und menge drei Maß feinstes Mehl, knete und backe Kuchen.
Er aber lief zu den Rindern und holte ein zartes gutes Kalb und gab's dem Knechte; der eilte und bereitete es zu.
Und er trug Butter und Milch auf und von dem Kalbe, das er zubereitet hatte, und setzte es ihnen vor und blieb stehen vor ihnen unter dem Baum, und sie aßen.
Da sprachen sie zu ihm: Wo ist Sara, deine Frau? Er antwortete: Drinnen im Zelt.
Da sprach er: Ich will wieder zu dir kommen übers Jahr; siehe, dann soll Sara, deine Frau, einen Sohn haben. Das hörte Sara hinter ihm, hinter der Tür des Zeltes.
Und sie waren beide, Abraham und Sara, alt und hochbetagt, so daß es Sara nicht mehr ging nach der Frauen Weise.
Darum lachte sie bei sich selbst und sprach: Nun ich alt bin, soll ich noch der Liebe pflegen, und mein Herr ist auch alt!
Da sprach der HERR zu Abraham: Warum lacht Sara und spricht: Meinst du, daß es wahr sei, daß ich noch gebären werde, die ich doch alt bin?
Sollte dem HERRN etwas unmöglich sein? Um diese Zeit will ich wieder zu dir kommen übers Jahr; dann soll Sara einen Sohn haben.
Da leugnete Sara und sprach: Ich habe nicht gelacht –, denn sich fürchtete sich. Aber er sprach: Es ist nicht so, du hast gelacht.

17 DA STANDEN DREI MÄNNER VOR IHM …
Andrej Rublev: Heilige Dreifaltigkeit, 1411.

2 SCHWULE UND HUREN

JEDEN EREILT ES

HANNS HENNY JAHNN

Der 17. November. Ein trüber Tag, voller leerer Schatten. Die Wolken haben keine Gestalt; sie hängen wie ein dichtgewebtes grobes Tuch vor dem Himmel. Der Abend kommt früh, dunstig, taub, doch ohne Nebelschwaden. Die Welt ist still; nur der Lärm der Menschen ist laut. Man geht umher, man fragt sich etwas; man fragt sich, ob dieser Tag jemals seines gleichen haben wird – genau so unbestimmt dunkel – mit den gleichen Anfängen, den Geburten von heute, den Todesfällen, dem ungezählten lustvollen Zeugen, den Rechenstücken des Schicksals, diesen Zufällen und gerade vorkommenden Unternehmungen und Entschlüssen. – Man erhält keine Antwort. Man antwortet sich selbst nicht. Man begegnet einem Menschen und sagt von ihm: „Welch hübscher Mensch!" oder „Welch abstoßender Mensch!" Und es ist unwichtig, daß man den anderen sieht und dies von ihm sagt, denn den einen umarmt und küßt man nicht, und den anderen schlägt man nicht oder speit ihn an. – Und doch sind wir dazu da, um zu umarmen, zu küssen, zu prügeln und anzugreifen. – Wir haben die Wildheit verlernt – vor allem die Wildheit der Liebe. Vergeblich ermahnen uns die Engel, die uns zuweilen stumm berühren, nicht mit uns zu kargen. Auch die dunkleren Dämonen vermögen fast nichts über uns. Aber sie sind da. Zuweilen sind sie da, in unserer Nähe – in der Nähe dessen, der ihnen gefällt, den sie, die Ungleichen, lieben – und lieber vernichten, als daß sie ihn nicht liebten. – Oh, sie haben sich nicht gewandelt in den Jahrtausenden. Auch sie lieben die süße Vereinigung, Fleisch an Fleisch – und sei das ihre dünner als der Mondschein. Ihre Namen sind noch immer Utukku und Lamassu. Wenn wir sie sähen, wir würden uns ihnen hingeben und nicht klagen, daß so viel Übles mit uns geschieht. Da wir blind sind, verfehlen wir die Freude – und die Berührung begreifen wir nur langsam – gleichsam wie wir unser Blut fühlen, einen fernen roten Dampf – wenn es verschüttet vom Boden getrunken wird – und uns nur die Ohnmacht des Sterbens bleibt – ganz zuletzt, wenn wir alles versäumt haben. – Wenn wir sie auch nicht mehr sehen, nicht ihre starke männliche Zärtlichkeit empfinden – wenn wir nur den euphorisch-orphischen Ton vernehmen, der von ihren Lippen fällt – den Gesang von ihren herrlichen Lippen, dies junge Lied, die neueste Weise der Weltenpolyphonie – ! – Wen sie einmal an sich drücken und sich seiner erfreuen – er erfahre es oder vergesse es – den lassen sie nicht wieder und segnen und verfluchen ihn. (...)

Nach geraumer Zeit erkannten sie, daß sie nicht alleine auf der Straße waren. Vor ihnen schritten zwei Gestalten, die sich genau wie sie selbst untergehakt hielten. Die Gangart der beiden Wesen vor ihnen mußte sehr langsam sein, denn sie näherten sich ihnen sehr schnell, obgleich sie die gleiche Richtung hatten. Gari und Mathias erkannten bald, daß die beiden Gestalten vor ihnen nackt waren. Sie verwunderten sich darüber nicht; sie fanden es beinahe selbstverständlich, aber sie waren doch neugierig, welcher Art Wandersgefährten das vor ihnen sein mochten. Als sie nahe herangekommen waren, sagte Mathias: „Gari, es sind die Engel. Ich erkenne Dich in dem einen." „Ja", antwortete Gari, „Du hast Recht; ich erkenne Dich in dem anderen." Die vor ihnen Schreitenden schienen das Heran-

bemerken.
sen waren,
sgefährten
eckten die
der Engel.
iese ver-
nen, Gari
auf der
und Ma-

'ort. Von
icht wa-
Mathias
hlbeha-
icht, sie
... unbehaglich, sie
... einander nur flüchtig mit einem leichten Lächeln. „Das sind wir also“, sagte Gari, „das ist das Unveränderbare – das sich nur langsam Verändernde.“

ENGEL HABEN SCHWÄNZE

HANNS HENNY JAHNN

Ich glaube an Engel, ich glaube auch an Geister des Ortes, denn sie sind vernichtbar ... [ich hatte] in meiner Jugend ... etwas vom Asketen, vom Gottsucher. Freilich, von einem gewissen Augenblick an wußte ich, daß alles menschliche Bemühen darauf beschränkt bleibt, die schwarzen und weißen Engel zu suchen und sogar zu finden, vor etwas niederknien, was real männlich, jung und schön ist – ein heidnischer Abglanz einer gottbevölkerten Idee. IHN kann es nicht geben, gibt es nicht, nicht für uns und nicht um SEINER SELBST willen ... alle Engel sind männlich ... Engel und Dämonen haben Schwänze. Darum kennen sie das Reich des Eros und der Kunst ... Engel sind nichts Moralisches. Sie sind männlich und damit an der Grenze des Anrüchigen. Sie suchen eine Befriedigung; ob sie sie finden, weiß ich nicht. Ihre Lehren sind immer zufällig – und ohne Wirkung. Ihre Existenz greift nicht in den Ablauf, sie bleiben Randfiguren.

DIE BEGEGNUNG

HANNS HENNY JAHNN

„Werden der Herr zu Abend essen?“ fragte sie, ohne Beteiligung ihrer Gedanken, ein höfliches Ritual hersagend.
„Ja“, antwortete Nikolaj zögernd. Er wollte hinzufügen, daß er sehr hungrig sei, unterließ es aber. Die junge Frau führte ihn nun in den Salon. Es war eine ungewöhnlich große Stube, die mit Blattpflanzen aller Art vollgestellt war. Zimmerlinden reichten vom Fußboden bis an die Decke, einzelne Gummibäume schienen so alt, daß man sie für hundertjährig halten konnte. Jedenfalls wuchs und grünte es hier wie im Sommer. In zwei großen runden Öfen aus weißen Kacheln mit messingenen Türen brannten gewaltige Feuer, als ob das Brennholz mehr als wohlfeil wäre (und so war es wohl auch). Er wurde aufgefordert, sich zu setzen, und er wählte einen bequemen Lehnstuhl. Die Frau entfernte sich. Einen Augenblick lang glaubte sich Nikolaj allein. Dann aber bemerkte er, hinter Zimmerlinden verborgen, einen Mann, der eifrig in einem Buche las und offenbar keinerlei Anteil daran genommen hatte, daß ein neuer Gast angekommen war. Da jener (man mußte sein Verhalten so auffassen) nicht gestört werden wollte, rückte Nikolaj an seinem Sessel, so daß er dem Fremden den Rücken zukehrte.
Es war angenehm warm und zugleich fremdartig in diesem großen Raum, so daß Nikolaj sich glücklich pries, hier angelangt zu sein. „Vielleicht ist die

ganze Welt voll solcher Gaststätten", dachte er, „aber man kommt niemals dorthin, weil man sich nicht entschließt, auf unbekannten Stationen auszusteigen."

Er war nun am Ziel seiner Reise; aber er wußte es nicht. Wie hätte er wissen sollen, daß sich sein Schicksal entscheiden sollte – daß er hier die Rolle für ein langes Leben zugeteilt bekam. Während er so saß, in Wohlbehagen getaucht, und der Fremde versteckt in seinem Buche las, schritten zwei männliche Gestalten mitten im Raume behutsam aufeinander zu: ein Engel und ein dunkler Engel von jener Art, die man gemeinhin und etwas herabsetzend Dämonen nennt. Sie wechselten kein Wort miteinander. Aber der Dämon fand, daß es ein hübscher Engel sei, recht nach seiner Neigung, feierlich schön, mit mädchenhaft niedergeschlagenen Augenlidern, doch einem kräftigen jünglinghaften Mund und bebenden Nasenflügeln, wie aus einem Bilde Botticellis. Auch der Engel betrachtete verstohlen den dunkleren feurigen Kameraden und war überrascht, wie jung er war, wie wohlgewachsen, mit einer hohen Stirn voller Gedanken. Er hätte ihn für seinesgleichen, für ununterschieden von sich selbst gehalten, wenn jener nicht, das sah er erst, als der andere sich abwandte, einen winzigen Schwanz wie den eines Hasen, gleich einer Blume aus Fell, besessen hätte. Der Engel fand, daß dies Zeichen der Abgründigkeit dem Dämon zur Zierde gereichte, seine Würde und Kraft mit einer unnennbaren Verheißung betonte. Beide beschlossen, jeder für sich, Freunde zu werden. Nach dieser ersten kurzen Begegnung entfernten sie sich, jeder nach seiner Seite.

Als die junge Frau zum Essen bat, schien diese Aufforderung dem Fremden eine arge Störung in seiner Lektüre zu sein. Nikolaj, da er die Absicht des Fremden nicht erraten konnte, entschloß sich nach einigen Bedenken, als erster ins Speisezimmer zu gehen. Er hatte schon seine Suppe ausgelöffelt, als der zweite Gast erschien; aber er brachte sein Buch mit an die Tafel und las darin weiter, während er mechanisch von seinem Teller aß. Die Mahlzeit würde schweigsam verlaufen, das war zu erkennen. Nicht einmal einander vorgestellt hatten sich die beiden. Nikolaj trank, aus Bescheidenheit und Sparsamkeit, Wasser zu den Speisen. Diese Tugend oder Zurückhaltung übte auch der Fremde. Er schaute beständig auf seinen Teller oder in sein Buch. Nur einmal, die Mahlzeit war schon beinahe beendet, blickte er auf und Nikolaj voll ins Antlitz. Er senkte sogleich wieder die Augen, den Mund verziehend, als ob er seine Lippen gebrannt hätte. Er machte auch jetzt noch nicht den Versuch, zu sprechen oder sich vorzustellen. Er winkte nur die junge Frau heran und bat sie, ihm Branntwein zu bringen. Er trank drei große Gläser davon nacheinander. Dann aß er hastig weiter. Seine Hände zitterten; aber der dunkle Engel berührte flüchtig sein Haupthaar, und alsbald war die Erregung in ihm vorüber. Er las weiter in seinem Buche.

Im Speisezimmer war es recht kühl; deshalb beeilten sich beide, Nikolaj und der Fremde, nach beendetem Mahl in den Salon zurückzukehren. Dort standen, stumm, der Engel und der Dämon mitten im Raume einander gegenüber; aber niemand sah sie. Der Fremde zog sich wieder hinter die hohen Pflanzen zurück. Nikolaj rückte seinen Lehnstuhl näher an den einen der Öfen heran, so daß der Abstand zwischen Mann und Jüngling wuchs.

Nun war es so still im Raum – nur ein Knistern drang von Zeit zu Zeit aus den Feuerlöchern der Öfen –, daß man die Schritte der beiden, Engel und Dämon, hätte vernehmen können. Doch wer hätte diesen Laut zu deuten gewußt?

Nach geraumer Zeit erschien die junge Frau in der Tür und fragte: „Wünschen die Herren den Kaffee getrennt oder am gleichen Tisch?" Nikolaj wagte keine Antwort zu geben und wartete, wie der Fremde sich entscheiden würde. Auch der schien zu zögern. Man konnte glauben, er habe die Frage gar nicht gehört. Als die junge Frau sich schon abwenden wollte, weil keiner ihrer Gäste Auskunft gab, kam die Stimme des Fremden.

„Ich habe nichts dagegen, daß der junge Mann sich zu mir setzt, wenn es ihm beliebt."

Nikolaj erschrak beinahe vor dieser Stimme. Sie klang dunkel und traurig, mit fremdem Akzent, doch verlockend. Aber was sie verhieß, war nicht die Freude. Er rührte sich von seinem Stuhle nicht, als wäre gar nicht von ihm gesprochen worden. Die Frau brachte den Kaffee auf einem Tablett und setzte zwei Tassen auf den kleinen Tisch, an dem der Fremde saß. Sie entfernte sich. Nikolaj wartete, was nun geschehen würde. Seltsamerweise pochte sein Herz unruhig.

„Kommen Sie doch heran, bitte", sagte die Stimme, „wenn es Ihnen nicht lästig ist, hier zu sitzen."

„Ich komme", antwortete Nikolaj.

18 MIT EINER UNNENNBAREN VERHEISSUNG …
Giovanni di Paolo: Die Vertreibung aus dem Paradies, um 1445.

VERGEWALTIGUNGS-VERSUCH AN ZWEI ENGELN

GENESIS 19,1–19

Die zwei Engel kamen nach Sodom am Abend; Lot aber saß zu Sodom unter dem Tor. Und als er sie sah, stand er auf, ging ihnen entgegen und neigte sich bis zur Erde
und sprach: Siehe, liebe Herren, kehrt doch ein im Hause eures Knechts und bleibt über Nacht; laßt eure Füße waschen und brecht frühmorgens auf und zieht eure Straße. Aber sie sprachen: Nein, wir wollen über Nacht im Freien bleiben.
Da nötigte er sie sehr, und sie kehrten zu ihm ein und kamen in sein Haus. Und er machte ihnen ein Mahl und backte ungesäuerte Kuchen, und sie aßen.
Aber ehe sie sich legten, kamen die Männer der Stadt Sodom und umgaben das Haus, jung und alt, das ganze Volk aus allen Enden,
und riefen Lot und sprachen zu ihm: Wo sind die Männer, die zu dir gekommen sind diese Nacht? Führe sie heraus zu uns, daß wir uns über sie hermachen.
Lot ging heraus zu ihnen vor die Tür und schloß die Tür hinter sich zu
und sprach: Ach, liebe Brüder, tut nicht so übel!
Siehe, ich habe zwei Töchter, die wissen noch von keinem Manne; die will ich herausgeben unter euch, und tut mit ihnen, was euch gefällt; aber diesen Männern tut nichts, denn darum sind sie unter den Schatten meines Dachs gekommen.
Sie aber sprachen: Weg mit dir! Und sprachen auch: Du bist der einzige Fremdling hier und willst regieren? Wohlan, wir wollen dich noch übler plagen als jene. Und sie drangen hart ein auf den Mann Lot. Doch als sie hinzuliefen und die Tür aufbrechen wollten,
griffen die Männer hinaus und zogen Lot herein zu sich ins Haus und schlossen die Tür zu.
Und sie schlugen die Leute vor der Tür des Hauses, klein und groß, mit Blindheit, so daß sie es aufgaben, die Tür zu finden.
Und die Männer sprachen zu Lot: Hast du hier noch einen Schwiegersohn und Söhne und Töchter und wer dir sonst angehört in der Stadt, den führe weg von dieser Stätte.
Denn wir werden diese Stätte verderben, weil das Geschrei über sie groß ist vor dem HERRN; der hat uns gesandt, sie zu verderben.
Da ging Lot hinaus und redete mit den Männern, die seine Töchter heiraten sollten: Macht euch auf und geht aus diesem Ort, denn der HERR wird diese Stadt verderben. Aber es war ihnen lächerlich.
Als nun die Morgenröte aufging, drängten die Engel Lot zur Eile und sprachen: Mach dich auf, nimm deine Frau und deine beiden Töchter, die hier sind, damit du nicht auch umkommst in der Missetat dieser Stadt.
Als er aber zögerte, ergriffen die Männer ihn und seine Frau und seine beiden Töchter bei der Hand, weil der HERR ihn verschonen wollte, und führten ihn hinaus und ließen ihn erst draußen vor der Stadt wieder los.
Und als sie ihn hinausgebracht hatten, sprach der eine: Rette dein Leben und sieh nicht hinter dich, bleib auch nicht stehen in dieser ganzen Gegend. Auf das Gebirge rette dich, damit du nicht umkommst!
Aber Lot sprach zu ihnen: Ach nein, Herr!
Siehe, dein Knecht hat Gnade gefunden vor deinen Augen, und du hast deine Barmherzigkeit groß gemacht, die du an mir getan hast, als du mich am Leben erhieltest. Ich kann mich nicht auf das Gebirge retten; es könnte mich sonst das Unheil ereilen, so daß ich stürbe.
Siehe, da ist eine Stadt nahe, in die ich fliehen kann, und sie ist klein; dahin will ich mich retten – ist die doch klein –, damit ich am Leben bleibe.
Da sprach er zu ihm: Siehe, ich habe auch darin dich angesehen, daß ich die Stadt nicht zerstöre, von der du geredet hast.
Eile und rette dich dahin; denn ich kann nichts tun, bis du hineinkommst. Daher ist diese Stadt Zoar genannt.
Und die Sonne war aufgegangen auf Erden, als Lot nach Zoar kam.
Da ließ der HERR Schwefel und Feuer regnen vom Himmel herab auf Sodom und Gomorra
und vernichtete die Städte und die ganze Gegend

und alle Einwohner der Städte und was auf dem Lande gewachsen war. Und Lots Weib sah hinter sich und ward zur Salzsäule.
Abraham aber machte sich früh am Morgen auf an den Ort, wo er vor dem HERRN gestanden hatte, und wandte sein Angesicht gegen Sodom und Gomorra und alles Land dieser Gegend und schaute, und siehe, da ging ein Rauch auf vom Lande wie der Rauch von einem Ofen.
Und es geschah, als Gott die Städte in der Gegend vernichtete, gedachte er an Abraham und geleitete Lot aus den Städten, die er zerstörte, in denen Lot gewohnt hatte.
Und Lot zog weg von Zoar und blieb auf dem Gebirge mit seinen beiden Töchtern; denn er fürchtete sich, in Zoar zu bleiben; und so blieb er in einer Höhle mit seinen beiden Töchtern.
Da sprach die ältere zu der jüngeren: Unser Vater ist alt, und kein Mann ist mehr im Lande, der zu uns eingehen könnte nach aller Welt Weise.
So komm, laß uns unserm Vater Wein zu trinken geben und uns zu ihm legen, daß wir uns Nachkommen schaffen von unserm Vater.
Da gaben sie ihrem Vater Wein zu trinken in derselben Nacht. Und die erste ging hinein und legte sich zu ihrem Vater; und er ward's nicht gewahr, als sie sich legte noch als sie aufstand.
Am Morgen sprach die ältere zu der jüngeren: Siehe, ich habe gestern bei meinem Vater gelegen. Laß uns ihm auch diese Nacht Wein zu trinken geben, daß du hineingehst und dich zu ihm legst, damit wir uns Nachkommen schaffen von unserm Vater.
Da gaben sie ihrem Vater auch diese Nacht Wein zu trinken. Und die jüngere machte sich auch auf und legte sich zu ihm; und er ward's nicht gewahr, als sie sich legte noch als sie aufstand.
So wurden die beiden Töchter Lots schwanger von ihrem Vater.
Und die ältere gebar einen Sohn, den nannte sie Moab. Von dem kommen her die Moabiter bis auf den heutigen Tag.
Und die jüngere gebar auch einen Sohn, den nannte sie Ben-Ammi. Von dem kommen her die Ammoniter bis auf den heutigen Tag.

19 ZWEI ENGEL KAMEN …
Gisela Röhn:
T-Zeichnung, 1979.

ENGEL IN GESTALT EINER HURE

ERNST BLOCH

Ob es irgendwie oder irgendwo noch spukt, stehe dahin. Wo immer aber davon berichtet wird, fällt auf, wie nichtssagend dies Unheimliche ist. Wie bei noch so aufwendigem Chok dann meist nur Langweiliges dahinter ist – falls er nicht erzählend aufgebessert wird. Selbst ein sogenanntes zweites Gesicht, auf Kommendes bezogen, ist selten so beschaffen, daß es nicht auch einfacher zu haben wäre, ganz nüchtern vorahnend. Und auch das Unvermutete darin ist meist banal oder aber es geht uns überhaupt nichts an. Es sei denn eben, ein Dichter macht sich darüber her, Poe'sches, Hoffmann'sches kommen ausfabelnd, umfabelnd hinzu. Die Spukgeschichte mit literarischem Samtkragen ist halluzinatorischer geworden als der meiste „tatsächlich" berichtete Spuk. Wozu uns nachfolgend, aus den selbstgemachten Erinnerungen des Wiener Schauspielers Girardi, sogar ein graziöses Beispiel entgegenblickt, nachträglich sinngebend.

Der Fall selber hebt sehr alltäglich oder auch allnächtlich an. Girardi war spät, doch nüchtern von Freunden in einem Wiener Außenbezirk aufgebrochen. Ruhigen Gemütes überlegte er draußen, ob er, da die Stadtbahn nicht mehr lief, ein teures Taxi oder einen gesunden Fußweg heim nach Hitzing nehmen sollte. Entschied sich für letzteren, geriet dabei in eine hübsche, enge Altwienergasse, die er vorher nie gesehen hatte. Von den Fenstern her gut beleuchtet, und aus vielen hingen einladende Mädchen heraus, schnalzten ihm zu. Besonders anregend tat das eine in ganz schmalem Haus, je nur ein Fenster übereinander, altösterreichischgelb um die weißen Fensterrahmen, sie selber entzückend anzusehen. „Danke dir sehr", sagte der höfliche Mann, „ein andermal, bin jetzt zu müde, aber morgen nacht vielleicht, merke mir dein Haus."

Er war schon weitergegangen, als sie ihm noch nachrief: „Schau, sei net blöd, komm doch her, i mach dirs mexikanisch." Der Mann lief aber weiter in die Nacht, durch immer bekanntere Gegend, Rotenturmstraße, Kärntnerstraße, Ring, heimwärts durch die Mariahilferstraße, hielt plötzlich an, „was hat dös Madl bloß gmaant mit dem mexikanisch?" Lange stand er still wie ein Schiff von streitenden Winden bewegt, riß sich los, kehrte um, Ring, Kärntnerstraße, Rotenturmstraße und so fort, bis er endlich die kleine alte Gasse wiederfindet, nur nirgends dort das so auffallend gewesene schmale Haus und das Mädchen in seinem einen Fenster. Hin und her die Gasse, fragte die sonst überall noch heraushängenden Huren nach dem verschwundenen Haus, „du Depp du blöder, brauchst a Haus oder a Hur", riefen die schnalzenden Weiber und schimpften noch hinter ihm her, als der Mann endlich abzog. Mehr als kopfschüttelnd, sehr enttäuscht, wegverspukt ihm beides, Haus und junge Hure. Der Fall selber war doch ganz läppisch, und über eine kleine Erzählung am gewohnten Kaffehaustisch den nächsten Nachmittag oder Abend reichte das Pech doch kaum hinaus, ein allzu dünner Chok, aus sehr wenig Nicht-Geheurem, ganz ohne Salz. Bis ihn plötzlich, schon mitten in der Mariahilferstraße, die Erleuchtung, der Schlüssel, gleichsam die wahre, nun erst vollendete Spukgeschichte traf. Das so (wir setzen die Erklärung, die nun erst fabulöse Ausspinnung des Schauspielers Girardi wörtlich hierher): „Es gibt einen Engel, der kann es nicht länger mitansehen, wie falsch es die Menschen machen. Hat aber die Erlaubnis, alle hundert Jahre in Gestalt einer Hure auf die Erde, in die Wiener Gasse, in das sonst nicht vorhandene schmale, feine Haus zu kommen. Darf indes nur ein einziges Mal mit einem Mann, der vorübergeht, anbandeln, *um ihm das ganz anders zu machende Glück zu offenbaren.* Und das verschlüsselte Wort lautet: Schau, i mach dirs mexikanisch. Kommt dann keiner auf den nur einmal vergönnten Ruf hin, dann muß der Engel wieder verschwinden, hundert Jahre lang. Noch keiner aber hat den Ruf bisher verstanden, als noch Zeit dazu war, auch ich nicht, der Letzte bisher, und vielleicht der Letzte überhaupt. Denn wenn niemand folgt, wird der Engel sich sagen: Die Menschen verdienens halt nit besser, und kehrt niemals wieder". Damit endete der innere Monolog; mit seiner kuriosen Reue ging der sympathische Girardi nach Hitzing in sein unverwunschenes Haus. Doch Nestroy hätte an dieser kleinen erfundenen Post-Magie Freude gehabt, obwohl, ja gerade weil sie nicht auf der Bühne geschah.

3 KEUSCH WIE DIE ENGEL

EIN STREITGESPRÄCH

MATTHÄUS 22,23–33

An demselben Tage traten die Sadduzäer zu ihm, die lehren, es gebe keine Auferstehung, und fragten ihn
und sprachen: Meister, Mose hat gesagt (5. Mose 25,5,6): „Wenn einer stirbt und hat keine Kinder, so soll sein Bruder die Frau heiraten und seinem Bruder Nachkommen erwecken."
Nun waren bei uns sieben Brüder. Der erste heiratete und starb; und weil er keine Nachkommen hatte, hinterließ er seine Frau seinem Bruder;
desgleichen der zweite und der dritte bis zum siebenten.
Zuletzt nach allen starb die Frau.
Nun in der Auferstehung: wessen Frau wird sie sein von diesen sieben? Sie haben sie ja alle gehabt.
Jesus aber antwortete und sprach zu ihnen: Ihr irrt, weil ihr weder die Schrift kennt noch die Kraft Gottes.
Denn in der Auferstehung werden sie weder heiraten noch sich heiraten lassen, sondern sie sind wie Engel im Himmel.
Habt ihr denn nicht gelesen von der Auferstehung der Toten, was euch gesagt ist von Gott, der da spricht (2. Mose 3,6):
„Ich bin der Gott Abrahams und der Gott Isaaks und der Gott Jakobs"? Gott ist nicht ein Gott der Toten, sondern der Lebenden.
Und als das Volk das hörte, entsetzten sie sich über seine Lehre.

CAECILIAS RÖMISCHE BRAUTNACHT

FERDINAND HOLBÖCK

Mag sein, daß die „Passio" (Märtyrerakten) dieser römischen, im ersten, römischen Hochgebet der hl. Messe ausdrücklich genannten Heiligen sehr viel Legendäres enthält; was aber den dabei auftauchenden *Engel* betrifft, ist es jedenfalls ein Hinweis auf den festen Schutzengelglauben der frühchristlichen Zeit.
Caecilia erscheint in der nach 486 entstandenen „Passio" als jungfräuliche Tochter einer christlichen Senatorenfamilie Roms aus dem römischen Adelsgeschlecht der Caecilier. Sie wird mit einem heidnischen Jungmann namens Valerianus vermählt. In der Hochzeitsnacht erklärt Caecilia ihrem heidnischen Gemahl, daß ein *Engel* ihre Jungfräulichkeit, die sie Christus geweiht habe, beschütze. Valerian wünscht diesen *Engel* zu sehen, sonst glaube er ihren Worten nicht. Er erhält von Caecilia den Bescheid, er könne den *Engel* sehen, müsse zuvor aber Christ werden. Er geht darauf ein, läßt sich von Papst Urban unterrichten und taufen.
Als Christ kehrt Valerian zu seiner edlen Gattin zurück. Nun erscheint der *Engel* den beiden und krönt sie mit Lilien und Rosen.
Valerian gewinnt nun auch seinen Bruder *Tiburtius* für den wahren Glauben. Die beiden Brüder betätigen sich fortan als wahre Jünger Christi, vor allem im Spenden von Almosen an die Armen und im Begraben der Märtyrer. Darauf verurteilt sie der Präfekt Turcius Almachius zum Tod. Maximus, der

das Todesurteil vollziehen soll, bekehrt sich und stirbt mit ihnen den Märtyrertod.
Nun wird auch Caecilia ergriffen. Sie bestimmt ihr väterliches Haus zur Abhaltung des christlichen Gottesdienstes. Nach einem glorreichen Bekenntnis ihres Glaubens soll sie im Bad ihres eigenen Hauses erstickt werden. Sie bleibt aber unversehrt und soll auf Befehl des Präfekten enthauptet werden. Selbst mit dreimaligem Schwertschlag gelingt es dem Henker nicht, ihr Haupt vom Leib völlig zu trennen. Caecilia lebt noch drei Tage und trifft verschiedene Anordnungen zu Gunsten der Armen und der Kirche. Papst Urban setzt die Glaubensheldin dann bei unter den Bischöfen und Bekennern in den Katakomben von San Callisto in Rom. Später wurde die Heilige in ihrem in eine Kirche verwandelten Haus, in der Kirche Santa Caecilia in Trastevere in Rom, beigesetzt.
Mag sein, daß in der „Passio" der hl. Caecilia das Legendäre neben dem Historischen überwiegt, aber was hinter dem Legendären als historische Wirklichkeit aufleuchtet, ist die Tatsache, daß man in der frühchristlichen Zeit die gottgeweihte Jungfräulichkeit über alles schätzte und dabei wußte, daß zur Bewahrung der Jungfräulichkeit in allen Gefahren und Schwierigkeiten die heiligen Engel kostbare Helfer sein können.
Das hat J. Dillersberger in seinem Buch „Wer es fassen kann" in fast dichterischer Sprache so zur Darstellung gebracht:
„Eja, milites Christi! (Auf, Soldaten Christi!) Wie hell tönender Schlag auf silberblankem Schilde erklingt am Morgen des St. Caecilien-Tages diese der Heiligen in den Mund gelegte Antiphon zum ‚Benedictus'. Römische Jungfrau und Märtyrerin ist Caecilia. Als die Zeit der Morgenröte zu Ende ging, rief Caecilia mit heller Stimme: ‚Auf, Streiter Christi, werft ab die Werke der Finsternis und ziehet an die Waffen des Lichtes!' Das ist Tagesbeginn, das ist Kampflosung für den Tag! Wie das aufrüttelt, wie das alle Mattigkeit und Schläfrigkeit auf einmal hell wach macht! Losung der Jungfrau-Märtyrerin, die ihren Schutzengel an ihrer Seite weiß, ist dieses Wort. Sie hat ihre Brautnacht anders verbracht, als es bei Heiden und auch bei vielen Christen üblich war und ist. Jungfräulich hat sie das Brautgemach am Morgen mit Hilfe ihres Schutzengels wieder verlassen können. Ihre Brautnacht hat sie dazu benützt, um den Bräutigam Valerianus für Christus zu gewinnen. Er und sein Bruder wurden, als sie nach Empfang der Taufe ihren Schutzengel geschaut hatten, Blutzeugen für Christus, gewonnen durch die jungfräuliche Macht der Worte Caecilias. ‚Wie eine emsige Biene', heißt es, hat sie dem Herrn gedient – das sind römische Brautnächte des Frühchristentums! Damals wehte dieser herbe, keusche Frühlingswind des christlichen Glaubens so frisch und herrlich in den Straßen der Ewigen Stadt, hinein in die Häuser der alten Patriziergeschlechter – verscheuchend alles, was nach Sinnlichkeit und Schwüle schmeckte. Was hat dieses christliche Früh-Rom jungfräuliche Blüten hervorgebracht! Caecilia und Agnes – wären es nur diese zwei, es wäre genug, um sich immer wieder nach diesen Zeiten zu sehnen! Mit unvergleichlich packender Gewalt hat die Kirche es verstanden, in dieser Antiphon ‚Eja, milites Christi!' das drängende Beispiel jungfräulicher Tugend, die den Menschen den Engeln ähnlich macht, aufleuchten zu lassen. Geht nicht von diesen römischen Heldenjungfrauen frischer, kampfesfroher Mut zur Reinheit aus in die ganze christliche Welt?! Das ist der Sinn dieses hellen Rufes in der Morgenstunde des Caecilientages. Einst ist sie am Morgen nach ihrer Brautnacht aus dem Gemach getreten, strahlend in ihrer unbesieglichen lichten Tugend. Waffen des Lichtes an ihrem reinen Leib, einen mächtigen Kampfgefährten an ihrer Seite."

MATHIA BEN CHERESCH

BORN JUDAS

Es wird von Mathia ben Cheresch, dem Sohne des Zimmermannes, erzählt, daß er fromm und gottesfürchtig gewesen sei und alle seine Tage im Gotteshaus über der Schrift gesessen habe. Es ging ein Leuchten von seinem Angesicht aus, daß es der

20 ENGEL DER ANKUNFT
Aus dem Visconti-Stundenbuch, um 1430.

Sonne glich, und nie noch hatte er sein Auge zu einem Weibe erhoben.
Eines Tages, als er so in die Lehre versenkt war, ging der Satan vorbei, erblickte den Frommen und ward voll Neid über ihn. Er sprach bei sich: Ist wohl ein Mensch auf Erden, der der Sünde nicht anheimfiele? Und er stieg in den Himmel, trat vor den Herrn und sprach: Herr der Welt! Mathia, der Sohn Chereschs, was ist der vor dir? Der Herr erwiderte: Er ist ein Gerechter ohne Fehl. Darauf sprach der Satan: Gib mir die Freiheit, daß ich ihn verderbe. Der Herr antwortete: Du vermagst nichts gegen ihn. Aber der Satan sprach: Dennoch, Herr, will ich es versuchen. Da sprach Gott: So magst du hingehen.

Also begab sich der Satan zu Mathia ben Cheresch und fand ihn abermals vor der Schrift sitzend. Was tat er? Er nahm die Gestalt eines Weibes an, das war so schön, daß es ihresgleichen nicht auf Erden gab seit den Tagen Naemas, der Schwester Tubal-Kains, der selbst die himmlischen Heerscharen gefolgt sind. Und das Weib kam und stellte sich hin gerade vor Mathia. Da der sie aber erblickte, wandte er sein Angesicht von ihr ab und drehte den Kopf nach rückwärts, da erschien sie ihm sogleich von der andern Seite; er drehte seinen Kopf nach rechts, und der Satan war bald an der rechten Seite; er drehte den Kopf nach links, und das Weib stand wieder vor ihm. Da sprach Mathia: Wehe, daß der Satan nicht über mich siege und mich zur Sünde bringe. Was tat der Heilige? Er rief einen Jünger, der ihm alles darreichte, und sprach zu ihm: Geh hin, hole mir Feuer und Nägel. Der brachte das Gewünschte. Da nahm Mathia zwei Nägel, legte sie ins Feuer, und als sie zu glühen anfingen, stach er sich beide Augen aus. Da nun der Satan dies sah, erschauerte er und fiel rücklings nieder. Alsdann erhob er sich, kehrte in den Himmel zurück, stellte sich wieder vor den Herrn und sprach: Herr der Welt! So und so erging es mir mit Mathia. Da sprach der Herr. Sagte ich's dir nicht, daß du gegen ihn nichts ausrichten würdest?
In dieser Stunde rief der Allmächtige den Engel Raphael und sprach zu ihm: Geh hin und heile die Augen des Mathia. Und der Engel kam alsobald vor den Erblindeten. Da fragte ben Cheresch: Wer bist du, der da herkommt? Der Sendbote sprach: Ich bin Raphael, der Engel, den der Herr entsandt hat, daß er dir dein Augenlicht wiedergebe. Mathia ben Cheresch antwortete: Laß ab von mir, was nun geschehen ist, ist geschehen.
Da kehrte Raphael zurück, trat vor den Herrn und berichtete: Das und das gab mir Mathia zur Antwort. Da sprach der Herr: Geh hin und sage ihm: Ich bürge ihm dafür, nie wird der Satan über ihn Herrschaft haben. Alsbald ging Raphael und heilte den Mathia.

NICHT DER SINNE WÜSTE LUST

JORGE LUIS BORGES

Oh, daß der Mensch würdig sich erzeige seines Engels,
dessen Schwert ihn schützt,
seit die Liebe ihn gebar,
die in der Sonne und den Sternen
lebt und sie bewegt,
bis an der Zeiten Ende
der Posaunenstoß erklingt.
Er folge nicht der Sinne wüsten Lust,
nicht der Verlockung goldener Paläste,
die der stolze Übermut erbaut,
nicht dem Ruf widersinnger Schenken.
Er bettle nicht um Mitleid,
erniedrige sich nicht zu schamlosen Tränen
und hoffnungsreichen Träumen;
zum nichtigen Zauber der Angst
und zur billigen Täuschung des Spotts.
Der Andere sieht ihn.
Er wisse, daß er nie allein,
nicht am lichten Tag und nicht im Schatten der Nacht,
der reine Spiegel wird es ihm bezeugen;
keine Träne trübe seinen Glanz.
Gib mir, Herr, daß am Ende meiner Tage
ich den Engel nicht entehre.

4 DIE REINE STIRN DER ENGEL

ES MÜSSEN NICHT MÄNNER MIT FLÜGELN SEIN

RUDOLF OTTO WIEMER

Es müssen nicht
Männer mit Flügeln sein,
die Engel.
Sie gehen leise,
sie müssen nicht schrein,
oft sind sie alt
und häßlich und klein,
die Engel.
Sie haben kein Schwert,
kein weißes Gewand,
die Engel.
Vielleicht ist einer,
der gibt dir die Hand,
oder er wohnt neben dir,
Wand an Wand,
der Engel.
Dem Hungernden
hat er das Brot gebracht,
der Engel.
Dem Kranken
hat er das Bett gemacht,
und er hört, wenn du ihn rufst,
in der Nacht,
der Engel.
Er steht im Weg und er sagt: Nein,
der Engel,
groß wie ein Pfahl
und hart wie ein Stein –
es müssen nicht Männer
mit Flügeln sein,
die Engel.

JA, MEIN ENGEL

MARIE LUISE KASCHNITZ

Genau heute vor fünf Jahren habe ich die Anzeige in die Zeitung gesetzt. Ich war damals noch gut zu Fuß, also ging ich zu Fuß den ganzen langen Weg bis zum Schillerplatz, wo sich die Annahmestelle der Zeitung befindet. Der junge Herr, der am Schalter saß, hat mich sehr freundlich beraten. Es sollte nicht zu teuer werden und doch sollte alles darinstehen, was ich suchte, nämlich eine ruhige, gebildete Mieterin für mein zweites, eigentlich drittes Zimmer, es blieben mir dann noch das Wohnzimmer und ein kleiner Schlafraum, also Platz genug.

Die Anzeige erschien am folgenden Samstag und den ganzen Samstag und Sonntag über klingelte es bei mir, und es kamen Frauen, die sich das Zimmer ansahen, mehrere alte, die ich aber nicht haben wollte, und einige junge, aber auch zu diesen sagte ich, ich stünde schon in Verhandlungen und würde Bescheid geben, weil ich immer meinte, es könnte noch eine kommen, die mir besser gefiele. Ich war darüber später sehr froh, weil das Fräulein, dem ich das Zimmer schließlich vermietet habe, erst am Sonntagabend gekommen ist und weil es mir sehr leid getan hätte, gerade diese Dame wieder wegzuschicken; denn sie war freundlich und bescheiden und schön wie ein Engel, sie erinnerte mich an meine kleine Schwester, die auch einmal so zart und fein war, die aber jetzt vier erwachsene Kinder hat und in die Breite gegangen ist.

Das Zimmer, das nach Süden lag und einen kleinen Balkon hatte, gefiel dem Fräulein sehr gut, und es hatte auch nichts daran auszusetzen, daß es so vollgestellt war. Das Fräulein hat sich genau angesehen, was an der Wand hing, den Meisterbrief meines Mannes und die zwei Urkunden mit den goldenen Medaillen von den Wettbewerben, und, schade, hat das Fräulein gesagt, daß Ihr Mann nicht mehr lebt, ich würde mich von ihm frisieren lassen, das kann nicht jeder, ich habe so widerspenstiges Haar, und ich habe gedacht, ja, Engelshaar, ich habe aber nichts gesagt.

Das Fräulein, das an der Universität studierte, ist bald darauf eingezogen, und ich habe ihm geholfen auszupacken, es hat viele Bücher gehabt und die Bücher haben wir in einer langen Reihe auf den Schreibtisch gestellt. Schon an diesem Tag habe ich meine Mieterin gefragt, ob ich sie beim Vornamen nennen dürfe, und sie hat gelacht und genickt, sie hat Eva geheißen, ich habe aber dann doch lieber Fräulein Eva gesagt. Es ist mir zuerst sehr merkwürdig vorgekommen, auf dem Korridor Schritte zu hören und auch, daß jemand zu meiner Wohnung die Schlüssel besaß. Ich habe mich aber daran rasch gewöhnt und nach einer Weile habe ich angefangen, abends darauf zu warten, daß das Fräulein heimkam, und wenn es einmal später wurde, habe ich mir Sorgen gemacht. Das Fräulein führte aber ein sehr regelmäßiges Leben, es saß sogar am Abend noch über den Büchern und nahm sich zum Essen so gut wie gar keine Zeit. Einmal bin ich mit einer Tasse Suppe zu meiner Mieterin ins Zimmer gegangen, und weil sie die Suppe so gierig gegessen hat, habe ich das danach fast alle Tage getan. Während das Fräulein gegessen hat, haben wir uns unterhalten, das Fräulein hat nach meinem Mann und nach meinem Leben gefragt, und wenn ich richtig ins Erzählen gekommen bin, hat es angefangen, ganz verstohlen wieder in seine Bücher zu sehen. Dann habe ich das Tablett genommen und bin aus dem Zimmer gegangen, und wenn ich irgendwo ein Paar Strümpfe oder einen Unterrock gesehen habe, habe ich die Sachen mitgenommen und sie ausgewaschen, und das hat das Fräulein gar nicht gemerkt.

Beim Aufräumen morgens habe ich mich umgesehen, ob das Fräulein nicht ein paar Photographien hätte, Aufnahmen der Eltern oder der Geschwister oder des Bräutigams, aber es waren gar keine Photographien da. Einmal habe ich mir ein Herz gefaßt und habe gefragt, wie steht es denn da, und auf meine linke Brust gedeutet, aber das Fräulein hat nur gelacht und gesagt, nichts, rein gar nichts, und es ist auch immer allein heimgekommen, wenigstens in der ersten Zeit. Ich habe das nicht recht in Ordnung gefunden, weil das Fräulein so ein hübsches Mädchen war, aber es war mir doch lieber so, als wenn es sich die Fingernägel und sogar die Fußnägel feuerrot angemalt und jeden Augenblick einen neuen Verehrer mit nach Hause gebracht hätte, wie das andere Mädchen tun. Ich glaube, daß ich mich schon damals in Gedanken sehr viel mit dem Fräulein Eva beschäftigt und daß ich es von Anfang an liebgehabt habe. *Meine* Eva, sagte ich zu meiner Bekannten, meine Eva ist erkältet, meiner Eva geht es besser, gerade als spräche ich von meinem eigenen Kind. Meine Bekannte zog dann immer ein Gesicht, das sieht man doch auf hundert Schritte, sagte sie, daß Ihre Eva Sie nur ausnützt und sich nicht das geringste aus Ihnen macht. Sie hatte aber damit unrecht und alle, die später dasselbe behauptet haben, haben ebenfalls unrecht gehabt. Das Fräulein konnte doch nichts dafür, daß es oft zerstreut war und manchmal kaum guten Abend oder danke sagte, wenn ich bei seinem Heimkommen schon mit dem Tablett dastand, und daß es über die frisch gewaschene und gebügelte Wäsche auf seinem Bett hinwegsah, als läge da weniger als nichts. Sie mußte so viel lernen, meine Eva, mein Engel, wie ich sie auch manchmal, aber natürlich nur in Gedanken, nannte, verschiedene fremde Sprachen und darunter auch solche, die kein Mensch mehr spricht. Ich weiß das, weil sie sich einmal von mir die Vokabeln hat abhören lassen, nur daß ich, wenn sie nicht weiter wußte, das betreffende Wort nicht richtig aussprechen konnte, und das hat sie ungeduldig gemacht.

Das war im Juni, also schon über ein halbes Jahr, nachdem das Fräulein eingezogen ist, und Anfang Juli, an einem schönen heißen Abend hat es an der Haustür unten dreimal geklingelt, und die Eva ist, was sie noch nie getan hatte, aus ihrem Zimmer gekommen und hat gesagt, lassen Sie nur, das ist für mich. Sie hat nicht erlaubt, daß ich auf den Knopf drücke, sondern ist die Treppe hinuntergelaufen, ihre Tasche und ihre Handschuhe in der Hand. Das Klingeln hat sich am nächsten Abend und am übernächsten und beinahe alle Abende wiederholt, und jedesmal ist die Eva ganz schnell weggelaufen, sie ist aber keineswegs spät nach Hause gekommen, sondern schon kurz nach zehn Uhr, und niemals hat sie ihren Verehrer mit in die Wohnung gebracht. Nur daß sie sich jetzt ein bißchen mehr Mühe mit ihren Kleidern gegeben hat, oder, um die Wahrheit zu sagen, *ich* habe mir die Mühe gegeben, jeden Tag habe ich ihr ein Sommerkleid ausgewaschen und es ihr aufs Bett gelegt, und einmal hat sie so etwas gemurmelt wie, das ist ja rührend, aber natürlich, um den Hals gefallen ist sie mir nicht.

Bitte, habe ich einmal gesagt, wenn Sie mit Ihrem Bekannten auf dem Balkon zu Abend essen wollen, ich könnte ein paar Schnittchen machen, aber sie hat nur gelacht und gesagt, was ist denn das, Schnittchen, so als ob das ein ganz ausgefallenes Wort wäre, ein komisches Wort. Es war ihr offensichtlich nichts daran gelegen, ihren Freund heraufzubringen, jedenfalls nicht, bis sie mit ihm verlobt war, also nicht vor dem Herbst. Ich habe mich darüber sehr gewundert, weil ich ja nicht die einzige Frau war, die Zimmer vermietete und weil ich schon viel gehört hatte, wie es jetzt bei den jungen Leuten zugeht, und wie sie zusammenlaufen und wieder auseinanderlaufen, und indessen ist schon alles geschehen.

Im Herbst dann teilte mir die Eva eines Tages mit, daß sie sich verlobt habe, sie wolle jetzt noch ihr Examen machen und dann heiraten, und noch am selben Abend stellte sie mir ihren Bräutigam vor. Ich hatte in meinem Zimmer einen kleinen Imbiß gerichtet, ein Fläschchen Ponysekt und ein paar Pralinen, ich dachte, die jungen Leute würden zu mir kommen, und wir würden anstoßen, ich konnte mir an dem Abend so gut vorstellen, wie einer Mutter zumute ist. Ich sah aber den jungen Mann nur im Korridor, wo es ziemlich dunkel ist, er gab mir die Hand und sagte, angenehm, ja, wirklich, nur dieses einzige Wort. Er war klein und gedrungen und eigentlich gar nicht so, wie ich ihn mir vorgestellt hatte, jedenfalls kein bißchen lustig, obwohl er noch jung und kaum älter als meine Eva war. Die beiden sind an dem Abend gleich weggegangen und das Fräulein Eva ist wieder kurz nach zehn Uhr allein nach Hause gekommen. In der Zeit bis zu ihrem Examen ist sie dann abends nicht mehr ausgegangen, sondern hat ihren Bräutigam heraufkommen lassen. Er ist aber nie lange geblieben, nur ein oder zwei Stunden lang. Wenn ich von meinem Zimmer in die Küche oder ins Badezimmer gegangen bin, habe ich die beiden reden hören und gemerkt, daß sie sich jetzt von ihm die Vokabeln abhören ließ. Niemals habe ich so etwas wie Späße oder Zärtlichkeiten oder Küsse gehört, und ich habe das ein wenig traurig gefunden. Ich habe mich aber dann daran erinnert, daß mein Mann und ich, als wir verlobt waren, meiner Mutter auch nicht genug verliebt getan haben, und ich habe gedacht, daß vielleicht die jungen Leute mit der Zeit kühler werden, ein bißchen kühler mit jeder Generation.

Gleich nach dem Examen, das die Eva sehr gut bestanden hat, ist sie zu mir gekommen, um etwas mit mir zu besprechen, sie ist in mein Zimmer gekommen und hat da gesessen und sich überall umgesehen, wie jemand, der sich alle Maße genau einprägen will. Ich habe gedacht, sie würde mir jetzt kündigen, wogegen ich natürlich nichts hätte einwenden können. Sie hatte aber etwas ganz anderes im Sinn, vielmehr der junge Mann hatte es im Sinn, und kurz gesagt, wollten sie mir außer dem Zimmer des Fräuleins noch mein Schlafzimmer abmieten, ich sollte mein Bett ins Wohnzimmer stellen, und Küche und Bad sollten wir gemeinsam benützen. Ich habe zuerst einen Schrecken bekommen, alte Leute sind ja von Natur umständlich, und ich habe auch nicht gewußt, was ich mit all den Sachen anfangen sollte, die in meinen Kommoden und im Schrank im Schlafzimmer waren. Aber dann habe ich mich gefreut, daß die jungen Leute überhaupt Lust hatten, bei mir zu wohnen, und daß ich nicht alleine zurückbleiben würde.

Ein paar Tage darauf haben die Eva und ihr Verlobter mir das Zimmer umgeräumt, das am Ende ziemlich voll, aber doch ganz gemütlich war. In die anderen Zimmer sind die Handwerker gekommen, sie haben die alten Blumentapeten heruntergerissen und die Wände weiß getüncht, den Meisterbrief meines Mannes und alles, was vorher da an der Wand hing, haben die jungen Leute nicht mehr haben wollen, der Eva wäre es wahrscheinlich egal gewesen, aber der junge Mann wollte es nicht. Als sie mit allem fertig waren, sind die beiden weggefahren, sie haben von unterwegs eine Heiratsanzeige geschickt.

Daß ich in dem großen Zimmer gewohnt habe, mit Bett und Nachttisch und Sofa und Eßtisch und Kredenz, hat ungefähr ein Jahr gedauert, nein, etwas länger als ein Jahr. Es war in dieser Zeit noch ziemlich ruhig in der Wohnung, weil der junge Mann den Tag über weg war und weil auch die Eva noch arbeiten gegangen ist. Ich habe für sie eingekauft und ihr das Gemüse gerichtet, und am Abend, wenn die beiden nach Hause gekommen sind, habe ich mich nicht mehr blicken lassen. Ich wäre der Eva gern im Anfang noch ein bißchen

21 UMGEBEN VOM LICHT DER ENGEL
Gustave Doré († 1883): Dante und Beatrice unter dem Reigen der Engel.

zur Hand gegangen und ich hatte auch oft am Abend das Bedürfnis, noch ein paar Worte zu sprechen, wenigstens so viele, wie ich mit der Eva gewechselt hatte, als sie noch nicht verheiratet war. Ich habe aber gleich gemerkt, daß es dem jungen Mann nicht recht sein würde. Er war nicht ausgesprochen unfreundlich, aber wenn ich ihm auf dem Korridor begegnete, hatte er eine Art, durch mich hindurchzuschauen, als wäre ich gar nicht vorhanden, oder als wäre da etwas, das ihm unangenehm oder sogar unappetitlich war. Es ging mir damals schon nicht mehr sehr gut, meine Haut war grau und faltig und meine Haare, die ich, besonders solange mein Mann noch lebte, immer hübsch frisiert getragen hatte, hingen in Strähnen herab. Das Gehen machte mir Mühe und es fiel mir nicht leicht, alle Zimmer aufzuräumen und zu putzen, was aber in dem Kontrakt stand, den der junge Mann aufgesetzt hatte, und sie bezahlten mich ja auch dafür. Ich hatte dadurch jetzt ganz schöne Einnahmen und konnte am Samstag einen Blumenstrauß kaufen, den ich meinen Mietern ins Zimmer stellte, und einen Kuchen backen, den sie ebenfalls von mir geschenkt bekamen.
Auch mit Geld habe ich den jungen Leuten einmal aushelfen können. Nur bis zum Ersten, hatte die Eva gesagt, die bei dieser Gelegenheit einmal wieder bei mir im Zimmer saß, so hübsch und fein mit ihrem rosigen Gesicht und ihren hellen Haaren, ich habe das Geld herausgekramt und sie hat mir zum erstenmal einen Kuß gegeben. Am Ersten pünktlich hat der junge Mann die Miete gezahlt, er hat mich die Quittung unterschreiben lassen und beobachtet, wie meine Hände dabei zitterten, von dem geliehenen Geld war die Rede nicht mehr. Als die Eva das nächste Mal zu mir ins Zimmer kam, teilte sie mir mit, daß sie ein Kind bekommen würde, und ich muß sagen, ich hatte mir das schon gedacht. Sie war in der letzten Zeit sehr blaß gewesen, und als sie bei mir im Zimmer saß, fing sie gleich an, Zigaretten zu rauchen, und sagte, ich krieg ein Kind, ganz ohne Gefühl, so wie man sagt, ich krieg einen Furunkel oder ein Gerstenkorn, und ich glaube, es paßte ihr nicht. Ich freute mich aber sehr, ich fing gleich an zu stricken, Jäckchen und Höschen und kleine Schuhe, und jedesmal, wenn ich wieder etwas fertig hatte, rief ich die Eva in mein Zimmer und sie bedankte sich, aber es interessierte sie nicht. Die beiden jungen Leute gingen jetzt viel öfter als früher am Abend aus, und ich konnte der Eva am Morgen ansehen, wie müde sie war, und daß ihr das Tanzen und Trinken nicht bekam. Eines Abends faßte ich mir ein Herz und ging in die Küche, wo der junge Ehemann das Geschirr abwusch und eine Jazzplatte dazu spielte. Er bot mir keinen Stuhl an und stellte das Grammophon nicht ab. Als ich gesagt hatte, was ich sagen wollte, nämlich daß die Eva sich mehr schonen müsse, wurde er zum erstenmal richtig unangenehm und schrie mich an. Ich habe mir aber nachher gedacht, daß er vielleicht über meinen Anblick erschrocken ist, er bekam mich ja sehr selten zu sehen, und wie ich da an meinem Stock hereinhumpelte, sah ich wahrscheinlich wie ein alter häßlicher Vogel aus.
Die Eva hat diesen Zwischenfall niemals erwähnt. Sie ist weiter arbeiten und weiter am Abend ausgegangen, das Kind ist aber trotzdem gesund zur Welt gekommen. Ich habe der Eva all mein Gestricktes, schön in buntes Seidenpapier gewickelt, in die Klinik gebracht und ein Zettelchen daran geheftet, auf dem die Worte „von der alten Oma" standen. Das kleine Mädchen habe ich nicht zu sehen bekommen, und ich habe auch mit der Eva nicht richtig reden können, weil ein paar ihrer Freunde am Bett saßen und Likör tranken, und wie ich wieder gegangen bin und die Tür hinter mir zugemacht habe, haben sie alle laut gelacht. Die Eva hat mich aber während der paar Minuten einmal sehr lieb angesehen und gesagt, ich solle ihr später das Kind hüten und pflegen, die kleine Gudrun, daß sie groß würde und schön.
So ist es dann auch gekommen, und weil sie so glücklich darüber war, habe ich mich zusammengenommen und nicht gezeigt, daß ich zum Kinderhüten und Wickeln und Breikochen eigentlich schon gar nicht mehr imstande war. Was die Ihnen alles aufladen, hat meine Bekannte gesagt, aber ich war froh darüber, das Kind war sehr niedlich und wir stellten jetzt doch so etwas wie eine richtige Familie vor.
Bald nach der Entbindung wollte Eva durchaus wieder arbeiten gehen. Sie war ja nicht, wie sie es zuerst vorgehabt hatte, Lehrerin geworden, sondern hatte eine Bürostellung angenommen, die ihr sehr behagte, und die beiden hatten schon ziemlich viel, wie sie sagte, zur Anschaffung eines Wagens gespart. Das Kind war den ganzen Tag bei mir, abends holten sie sich das Körbchen ins Zimmer, aber manchmal, wenn sie sehr müde waren und ausschlafen wollten, ließen sie es auch stehen. Die

kleine Gudrun schrie zuweilen in der Nacht, und weil ich Angst hatte, daß die Eva von dem Geschrei aufwachen könnte, trug ich das Kind im Zimmer hin und her. Einmal nahm ich es, weil es sich gar nicht beruhigen wollte, zu mir ins Bett, und dort hat es dann so fest geschlafen, daß ich mich nicht traute, es aufzunehmen. Am Morgen schlief es länger als gewöhnlich, und ich lag ganz still und rührte mich nicht. Ich weiß nicht, was Evas Mann an dem Morgen in den Sinn gekommen ist, meistens stand er zu spät auf und hatte es eilig wegzukommen. Aber an dem Tag trat er, ohne anzuklopfen, in mein Zimmer und wollte das Kind holen, er sah uns zusammen im Bett liegen und ich machte nur „psst" und legte den Finger auf den Mund. Er fing aber gleich an zu schreien und so laut, daß ich kein Wort verstehen konnte, und erst nach einer Weile habe ich gemerkt, warum er so böse auf mich war. Ein kleines Kind bei einer alten Frau im Bett, er fand das unhygienisch und unappetitlich, und wahrscheinlich hatte er damit recht.

Von dem Tag an brachte die Eva das Kind morgens zu einer Freundin, einer jungen Person, die selbst ein kleines Kind hatte, und wenn die beiden abends ausgehen wollten, ließen sie die kleine Gudrun dort, auch während der Nacht. Es muß da aber nicht sehr gut gegangen sein, denn eines Tages, schon ein paar Wochen später, kamen sie beide, Eva und ihr Mann, abends zu mir und wollten wieder etwas mit mir besprechen, sie waren beide sehr höflich und freundlich, und ich dachte schon, jetzt geben sie mir das Kind zurück. Es stellte sich aber heraus, daß sie ganz etwas anderes planten. Wie sie sagten, hatte die Eva die Absicht, ihre Stellung aufzugeben, sie wollte von jetzt an zu Hause arbeiten, Übersetzungen und dergleichen. Sie brauchte da einen Raum, in dem sie ihre Kunden empfangen könne, die kämen unter Umständen auch am Abend, ihr Mann wolle nicht gestört werden und man könne ihm auch nicht zumuten, daß er in dem kleinen Schlafzimmer sitze mit dem Kind. Ich verstand schon, worauf sie hinauswollten, ich sagte, ich würde ja gern in das kleine Schlafzimmer ziehen, wenn ich nur nicht so viele Sachen hätte. Aber auch das hatten sie sich schon überlegt. Es gehörte zu der Wohnung noch eine kleine Mansarde, in die könne man die Möbel stellen, – nein, sie selber wollten sie nicht haben, und ich wußte schon, sie gefielen ihnen nicht. Das Kind sollte ich nicht wieder versorgen und aufräumen sollte ich auch nicht mehr, ich konnte mich ja so schlecht bücken und kam nicht mehr mit dem Besen unter die Schränke und Betten, und einmal, als ich die Kommode abzustauben vergessen hatte, hatte jemand, wahrscheinlich Evas Mann, in die feine Staubschicht ein großes Fragezeichen gemalt. Ich zog also in das kleine Schlafzimmer und räumte nicht mehr auf, aber das Kind bekam ich jetzt ab und zu wieder zu sehen, nämlich, wenn meine Mieter am Abend Gäste hatten, da wußten sie nicht wohin mit der Kleinen und schoben sie mir ins Zimmer und sagten, aber nicht ins Bett. Ich ließ in diesen Nächten meine Nachttischlampe brennen und betrachtete das Kind, das sehr gewachsen war und das jetzt ruhig schlief, mit den Fäustchen rechts und links vom Kopf. Wahrscheinlich hätte ich ohnehin nicht schlafen können, weil es drüben in den Zimmern sehr laut herging. Grammophon und Radio und Spiele, und auch darüber freute ich mich, weil es für eine alte Frau schön ist, junge Stimmen und junges Gelächter zu hören. Obwohl ich es in dem kleinen Zimmer sehr eng hatte, war ich doch nicht unzufrieden. Die Eva war jetzt den ganzen Tag zu Hause und schrieb auf der Schreibmaschine und ich richtete ihr manchmal einen kleinen Imbiß, Kaffee oder Himbeersaft und ein Brötchen und trug ihr das ins Zimmer, und das war fast wie in der alten Zeit. Nur daß es mir in diesen Wintermonaten nicht gutging, ich bekam einen schlimmen Husten und hustete manchmal die ganze Nacht. Das Zimmer, in dem die Eva und ihr Mann schliefen, lag neben meinem Zimmer, und weil ich so große Angst hatte, sie zu stören, traute ich mich manchmal gar nicht ins Bett zu gehen, sondern blieb im Stuhl sitzen, weil man dann viel weniger husten muß. Sie haben es aber doch gehört, und die Eva hat mir eine Hustenmedizin gebracht und gesagt, das ist ja schrecklich, und dann hat sie gefragt, ob es ansteckend wäre, dann solle ich doch lieber nicht mehr in die Küche gehen, wegen der Bazillen und wegen dem Kind. Ich bin also in meinem Zimmer geblieben und die Eva hat mir mittags das Essen gebracht, ein paar Tage lang richtiges Essen und dann noch einen Teller Suppe, aber das war für mich genug.

Im Frühjahr haben sie dann das Auto gekauft, das Geld hatten sie noch nicht ganz beisammen, aber ich habe ihnen etwas von meinem Sparbuch gegeben. Dafür fahren Sie mit uns, hat die Eva gesagt, wir machen schöne Ausflüge zusammen. Aber dazu ist es nicht mehr gekommen, ich war schon zu krank, und ich glaube, sie waren darüber froh. Die Gudrun lief jetzt schon und saß ganz stolz zwischen ihren Eltern in dem roten Wagen. Ich schleppte mich, wenn sie wegfuhren, immer zum Fenster, und manchmal winkte die Eva mir zu. Sie fuhren im Sommer gelegentlich auch zwei oder drei Tage fort, das lange Wochenende, und dann, als sie in Urlaub fahren wollten, beunruhigte sich die Eva, daß jetzt niemand mir meine Suppe kochen würde, und sie schlug darum vor, ich solle in die Mansarde ziehen. Ich habe mich dagegen gesträubt, erstens weil die Mansarde doch voller Möbel war, und zweitens, weil es im Sommer dort unter dem Dach zum Ersticken ist. Ich habe mich aber schließlich überreden lassen, weil in einer anderen Mansarde nebenan eine Frau wohnte, die versprochen hatte, für mich zu sorgen, und weil die Eva gesagt hat, wenn ich allein in der Wohnung bliebe, hätte sie keine ruhige Minute und der ganze Urlaub mache ihr keinen Spaß. Es war ein sehr heißer Sommer, und ich habe die ganze Zeit gut überstanden und einmal habe ich auch eine Karte bekommen mit einer Palme vor einem blauen Meer. Mit der Frau, die für mich gekocht hat, bin ich ziemlich gut ausgekommen, sie war mir nicht gerade sympathisch, aber man kann keine großen Ansprüche stellen, wenn man sich bedienen lassen muß. Ich habe auch gewußt, daß die Zeit vorbeigehen und ich bald wieder in meiner Wohnung sein würde, es war ja mit dem Husten auch besser geworden, nur mein Herz war schwach. Anfang September ist die kleine Familie, meine Familie, zurückgekommen. Von meinem Mansardenfenster habe ich nicht auf die Straße hinuntersehen können, aber ich habe doch immer gewartet, und eines Abends ist es mir vorgekommen, als ob ich Evas Stimme und das Geplapper der kleinen Gudrun hörte.

Es ist aber niemand heraufgekommen und erst ein paar Tage später habe ich von meiner Bekannten erfahren, daß die drei wirklich heimgekommen waren.

Da sehen Sie es, hat meine Bekannte gesagt, ganz gleichgültig sind Sie denen, und überhaupt wollen sie Sie nur los sein, Sie werden schon sehen, in Ihre Wohnung kommen Sie nicht mehr zurück. Gerade an dem Tag aber ist die Eva heraufgekommen, ganz braungebrannt und lustig, und hat mir etwas mitgebracht, was sie unterwegs für mich gekauft hatte, eine Einkaufstasche aus buntem Stroh mit Strohblümchen, und ich habe mich sehr gefreut und habe nicht daran gedacht, daß ich ja nicht mehr einkaufen gehen kann. Wie ich die Eva eine Weile betrachtet habe, habe ich bemerkt, daß sie wieder in anderen Umständen ist. Sie hat das auch bestätigt und hat gesagt, bei der Gelegenheit könnten wir gleich etwas besprechen, nämlich ob es mir nicht hier oben ganz gut gefiele und ob sie nicht die ganze Wohnung haben könnten, die zwei Zimmer würden ihnen, wenn das neue Kind erst da wäre, doch zu eng. Ich bin ein bißchen erschrocken, aber weil die Eva dann etwas gesagt hat von Wegziehenmüssen, bin ich noch mehr erschrocken und habe gedacht, das ist doch nicht möglich, daß ich die Eva und die Gudrun nicht mehr sehe. Die Eva war auch sehr lieb und hat versprochen, sie wird jeden Tag mit dem Kind heraufkommen, und wenn mich die Treppe nicht mehr so anstrengte, sollte ich herunterkommen und bei ihnen sitzen, wenigstens wenn ihr Mann nicht zu Hause wäre, der sei so nervös.

Wir haben es dann so abgemacht und am nächsten Tag ist der Mann von Eva heraufgekommen und hat etwas zum Unterschreiben mitgebracht, weil aber meine Gläser schon lange nicht mehr paßten, habe ich das, was ich unterschrieben habe, gar nicht richtig gelesen. Ich habe eine kleine Summe bekommen für die Möbel, die sie für mich verkauft haben, was, wie der junge Mann sagte, noch ein Glücksfall war, weil den alten Plunder heute niemand mehr will. Ich habe das ganz gut verstanden und auch, daß die beiden von nun an viel weniger Miete zahlen wollten, weil die Zimmer jetzt sogenannte Leerzimmer waren. Das Geld für die Möbel hat noch auf dem Tisch gelegen, und ich habe etwas davon gesagt, daß ich es der Gudrun in die Sparkasse geben wollte. Ich habe noch ein bißchen gezögert, weil ich daran gedacht habe, daß ich es vielleicht für den Arzt brauchen würde, aber der junge Mann hat ganz schnell die Hand darauf gelegt und dann war es weg. Ich habe plötzlich Tränen in den Augen gehabt, aber nicht wegen dem Geld, sondern weil ich mit einem Male daran gezweifelt habe, daß die Eva jeden Tag heraufkommen und das Kind mitbringen würde. Ich habe den jungen Mann gebeten, sie daran zu erinnern, aber er hat nur gesagt, jeden Tag, ist das nicht ein wenig unbescheiden, und hat gelacht. Er hat natürlich recht gehabt, es war wirklich unbescheiden von mir und wahrscheinlich hat sich die Eva auch darüber geärgert, denn sie ist höchstens jede Woche einmal gekommen und das Kind hat sie auch nicht immer mitgebracht. Sie ist auch nie lange geblieben, weil es nun schon Herbst und in der Mansarde recht kalt war, und später, als sie den dicken Leib hatte, habe ich ihr selber gesagt, sie solle die steile Treppe nicht mehr gehen. Ich war in der Zeit auch wieder krank, der alte Husten, und die Nachbarin war auch krank, oder es war ihr zuviel geworden, für mich zu kochen und mein Bett zu machen und nach mir zu schauen. Mitte November, als ich die Eva schon drei Wochen lang nicht gesehen hatte, ist an einem Samstagmorgen der junge Mann zu mir gekommen und hat einen Arzt mitgebracht und der Arzt hat mir eine Überweisung ins Krankenhaus geschrieben. Ich war damit ganz zufrieden, weil ich schon drei Tage kein warmes Essen mehr bekommen hatte, und auch weil ich dachte, daß im Krankenhaus gewiß ein Aufzug ist, so daß mich die Eva besuchen könne, ohne Mühe davon zu haben. Ich bin dann am nächsten Tag auf einer Tragbahre die Treppe hinuntergeschafft worden, und ich habe gedacht, unten wird meine Wohnungstür offenstehen. Die Eva wird da sein, und wenn ich schön bitte, tragen mich die Männer auch für einen Augenblick in meine alte Wohnung hinein.

Die Tür war aber zu und es ist mir eingefallen, daß es gerade die Zeit war, in der die Eva das Kind in den Kindergarten bringt. Ich habe also nur einen Blick auf die Tür geworfen, das Schild mit meinem Namen war nicht mehr da, und das hat mir ein merkwürdiges Gefühl gegeben, so als sei ich selbst schon gar nicht mehr da. Das Auto, in das sie mich geschoben haben, ist ganz schnell durch die Stadt gefahren, und der Wärter, der neben mir gesessen hat, hat Späßchen gemacht und mich gefragt, ob ich denn durchaus schon sterben wolle. Das hat mich auf einen Gedanken gebracht und kaum, daß ich im Krankenhaus in meinem Bett lag, habe ich die Schwester um Briefpapier gebeten und habe eine Art von Testament gemacht. Die Schwester hat mir sehr freundlich dabei geholfen, aber wie sie gemerkt hat, daß ich alles, was ich gespart habe, der Eva hinterlassen wollte, hat sie den Kopf geschüttelt und gefragt, ob ich denn keine Verwandte habe. Die Eva, habe ich geagt, das ist mein Kind, und die Schwester hat mir das Fieberthermometer eingelegt.

Ich bin jetzt seit vier Wochen im Krankenhaus. Ich lag zuerst in einem großen Zimmer mit vier anderen Frauen, erst vor kurzem haben sie mich in diese kleine Kammer gebracht. Die Frauen haben sich beständig beklagt und nie hat ihnen jemand etwas recht machen können. Ich habe ihnen aber ganz geduldig zugehört, weil sie dann auch geduldig zuhören mußten, wenn ich ihnen von meiner Familie erzählte. Meine Tochter, habe ich gesagt, und mein Schwiegersohn, und mein Enkelkind, und an den Besuchstagen habe ich jeden Augenblick nach der Tür geschaut, ob sie nicht hereinkommen, große Blumensträuße im Arm. Das ist so lange gegangen, daß die Frauen angefangen haben, sich lustig zu machen, und weil ich mich auch manchmal versprochen und statt von meiner Eva von meinem Engel geredet habe, haben sie angefangen, sich mit dem Finger an die Schläfe zu tippen. Aber daraus habe ich mir nichts gemacht. Ich habe ja gewußt, daß junge Leute nicht viel Zeit haben, und daß es sehr unbescheiden von mir war, zu erwarten, daß sie ihre Feiertage in einem Krankenhaus verbringen. Nur meine Bekannte, die selbst alt ist und nichts zu tun hat, ist jeden Sonntag gekommen. Aber von mir aus hätte sie auch wegbleiben können, weil sie die ganze Zeit nichts anderes getan hat als auf die Eva und ihren Mann zu schimpfen und zu sagen, daß sie mich schon ganz vergessen haben und ich sie überhaupt nicht mehr wiedersehen werde. Ich will sie aber wiedersehen, schon um ihnen zu sagen, daß sie alles von mir erben, und ich weiß auch, daß sie vor meinem Tode noch einmal kommen werden. Besonders in den letzten Tagen, die ich noch in dem großen Zimmer verbracht habe, habe ich sie immer wieder ganz deutlich vor mir gesehen. Da standen sie in der Tür, die Eva hatte das Neugeborene, einen Jungen, auf dem Arm, und die kleine Gudrun riß sich von der Hand ihres Vaters los und lief auf mich zu. Die Frauen in ihren Betten waren ganz still, weil sie so etwas noch nicht gesehen hatten, so etwas Schönes wie meine Familie, die jetzt langsam näher kam und Blumensträuße auf mein Bett legte, so viele Blumen, sie deckten mich damit zu. Aber Fräulein Eva, habe ich gesagt, was machen Sie denn, weil sie mir die Blumen nun auch aufs Gesicht legte, und dann waren es gar keine Blumen mehr, sondern es war Erde und die Erde fiel mir in die Augen und in den Mund.

Jetzt haben sie mich hierhergebracht, vielleicht weil ich nachts so laut spreche und immer dieselbe

22 SO ETWAS SCHÖNES NIE GESEHEN …
Gisela Röhn: Kraft, Anmut, Harmonie, 1971.

lange Geschichte erzähle. So ein kleines Loch ist das, mehr als ein Besucher kann da gar nicht eintreten und darum, wenn die Eva jetzt kommt, kommt sie allein. Ja, allein ist sie, und was hat sie für ein seltsames Kleid an, schwarz mit silbernen Flügelärmeln, nichts für den Vormittag, aber ist denn noch Vormittag, es ist Abend, es ist Nacht. An mein Bett tritt die Eva und stampft ungeduldig mit dem Fuße auf, was aber nichts anderes sein kann als ein Scherz. Sie hat wieder Blumen mitgebracht und wieder legt sie sie mir aufs Gesicht. Ja, mein Engel, sage ich, sobald ich ein wenig Luft bekomme, und erschrecke, weil ich sie jetzt bei ihrem richtigen Namen genannt habe und zum ersten Male. Die Eva ist aber darüber nicht böse. Sie lächelt und legt ihre Hand auf die Blumen, sie ist so schön wie damals, als sie aus Italien zurückgekommen ist, schön wie ein Engel, und langsam, langsam drückt sie mich immer tiefer hinab.

GABRIEL ALS LIEBESBOTE

MECHTHILD VON MAGDEBURG

Helig engel *gabriel*, gedenk min!
Miner gerunge botschaft bevilhe ich dir.
Sage minem lieben herre Jesu cristo,
Wie miñesiech ich sie nach ime.
Sol ich jemerme genesen,
So mus er selber min arzat wesen.
Du maht ime in trúwen sagen,
Die wunden die er mir selber gesclagen,
Die mag ich nit langer vngesalbet tragen
Und ungebunden.
Er hat mich gewunden
Untz in den tot;
Lat er mich nu ungesalbet ligen,
So mag ich niemer genesen.
Weren alle berge ein wuntsalbe
Und alle wasser ein arzatin trank
Und alle bome mit blumen ein heilsam wundenbant,
Damitte mohte ich niemer genesen.
Er mus sich selber in miner sele wunden legen.
Helig engel gabriel, gedenk min!
Dise minne-botschaft bevilhe ich dir.
Swer got liep haben welle,
Diser minnebrief erweket sine sinne,
Ob er got volgen welle.
Ich habe die warheit in mime geiste wol vernomen,
Min botschaft ist zu gotte komen.
Die antwort die mir da wider sol komen,
Die ist so gros,
So creftig, so grundelos,
So manigvaltig, so wunnerich und so vberclar,
Dc ich si nit mag enpfân,
Diewile ich irdensche wesen sol,
Ich entscheide aller ein cleine wile
Von diseme armen leben.
Also de ich da niemer blibe.
Nu mus ich beswinde der rede geswigen;
Ich enmohte nit me davon enpfân,
Dc man offenlich davon sprechen sol.
Mer ich sach sant Gabrielen in wunnenklicher ere
In der himmelschen hohin vor gotte stân,
Als ich arme es mohte enpfân.
Im waren angetan
Núwi minnevurige cleider, die wurden ime ze lone,
Dc er ware botschaft so erlich werben kan.
Sin antliz sach ich minnevurig spilende clar.
Er was mit der gotheit vmbevangen und durgangen.
Sine wort mohte ich noch verstân noch gehoren,
Wan ich bin noch glich einem irdenschen toren.

DRITTER CHOR
DER ENGEL

WELT DES KINDES –
SCHUTZENGEL

„Gebt dem Engel zwei warme Pantoffeln
und 'n Teller mit Bratkartoffeln."

Italienisches Weihnachtslied

Die *Bild*-Zeitung hatte mit ihrer Schlagzeile „Himmelsforscher Uwe Wolff behauptet: Engel essen gerne Bratkartoffeln" (6.9.1993) den wahren Sachverhalt verzerrt wiedergegeben. Leichtgläubig kommentierte einen Tag später die *Tageszeitung*: „Ob's stimmt? Klar stimmt's! Stand schließlich in der *Bild*" (7.9.1993). Nicht alle Engel essen Bratkartoffeln, sondern nur die Weihnachtsengel italienischer Kinder. Zumindest behauptet dies das beliebte Lied „Jarivato l'ambasciadore".
Ernst und Heiterkeit erheben im dritten Chor der Engel die Stimme. Erinnerungen an Kinderwelten und Schutzengelerfahrungen erklingen. Urerfahrung von Geborgenheit, Nachhall einer Gottesunmittelbarkeit aus frühester Zeit, Wegbegleitung durchs erwachende Selbstbewußtsein.

1 ERFAHRUNGEN UND ERINNERUNGEN

DIE BEGEGNUNG MIT DEM ENGEL

ERWIN WICKERT

Ich erinnere mich.
Am Anfang war die Begegnung mit dem Engel. Alles, was vorher war, liegt in durchsonntem Nebel. Es bewegt sich etwas darin, aber es bleibt undeutlich, und ich kann nichts erkennen; ich höre Stimmen, aber sie sind gedämpft, und ich kann sie nicht verstehen.
Ich kam aus diesem Licht, war darin warm und behütet, und ich war ohne Zeit. Aber was da war und wer da war, ich habe es vergessen, ich weiß es nicht mehr. Doch an den Engel erinnere ich mich. Damals konnte ich schon laufen, die Klinken herunterdrücken und die Türen öffnen. Ich spielte mit der Puppe im Kinderzimmer, und das lag im ersten Stock. Ich wollte hinuntergehen, vielleicht zu meiner Mutter.
Ich konnte Treppen auf allen vieren hinauf- und notfalls auch rückwärts hinabkriechen; aber jetzt wollte ich sie hinuntergehen wie die Erwachsenen. Mit einer Hand hielt ich mich am Geländer fest. Da kam Polen-Irma, das Kindermädchen, das eigentlich auf mich hatte aufpassen sollen, aus dem Bügelzimmer, sah mich und schrie, weil sie glaubte, ich fiele jetzt die Treppe hinunter.

Aber ein Engel hob mich sanft auf, trug mich und setzte mich sechs oder sieben Stufen tiefer auf dem nächsten Absatz sanft nieder, sanft wie eine Feder. Ich fühle noch heute, wie behutsam er mich aufnahm, mit mir hinabschwebte und mich wieder hinstellte.

Gesehen habe ich ihn nicht, und er sprach auch nicht, aber ich hatte ihn doch gefühlt. Polen-Irma aber, oben an der Treppe stehend, schrie immer noch schrill und hob die Hände verzweifelt in die Höhe, auch ein anderes Dienstmädchen kam aus einer Tür und schrie. Dann sprangen sie endlich die paar Stufen herab und hielten mich fest, obwohl ich starr und sprachlos dastand und weder weitergehen wollte noch konnte.

„Es war ein Engel", sagten die Mädchen, „der hat dich getragen."

Meine Mutter hatte das Geschrei gehört und kam schnell herauf. Sie fürchtete ein entsetzliches Unglück.

„Was ist ein Engel?" fragte ich, und sie erklärte es mir. Polen-Irma, mit der ich polnisch sprach, redete noch oft von dem Schutzengel. Sie war die einzige von uns, die ihn auch gesehen hatte.

Noch Jahrzehnte später, als ich den Glauben an die Wunder der Bibel, leider auch an die Auferstehung Christi, längst verloren hatte, wollte ich doch nicht von dem Glauben an den Engel lassen, der mich einst getragen hatte. Ich fühlte ja immer noch, wie er mich sanft die Treppenstufen hinabtrug.

Dabei war er später durchaus nicht immer auf seinem Posten. Schon einige Jahre nach seinem Erscheinen zum Beispiel, da ließ er zu, daß ich den rechten Mittelfinger, als ich in einem leeren Eisenbahnwagen spielte und die Tür zuknallte, so quetschte, daß der Fingernagel abgenommen werden mußte. Und später, in Schanghai, als ich dort bei meinem zweiten Aufenthalt zu Boden gegangen war, hat er mir keinen Finger gereicht. Etwa mit Absicht? Vielleicht um meinen Übermut zu dämpfen?

Aber wenn später im Leben größeres Unglück dicht an meinen Ohren vorbeipfiff oder wenn Unheil wie ein Blitz dicht neben mir einschlug, fragte ich mich doch, ob er es wohl gewesen war, der den Blitz eine Handbreit abgelenkt hatte. Ob ich wirklich an ihn glaubte? Wohl nicht im Ernst. Ich ließ die Frage jedoch offen, ließ sie auch vor mir selbst im Zwielicht und fand das ganz amüsant. Man wird mich deshalb tadeln müssen. Ernsthaften, entschiedenen Menschen wie, sagen wir, Kierkegaard, wäre dieser Unernst ein Greuel gewesen. Auch Karl Jaspers hätte schweigend mißbilligt, wenn ich ihm von diesem nur halb geglaubten Engel erzählt hätte.

Das habe ich aber natürlich nicht getan. Ich habe überhaupt nie und mit niemand von dem Engel gesprochen, habe das Geheimnis in mir verborgen, habe manchmal selbst den Kopf darüber geschüttelt wie über eine unschuldige Marotte, die ich mir aus ästhetischem Leichtsinn leistete, aber ich hielt lange an ihm fest. Sprach nie von ihm. Denn ich wußte, wenn ich von ihm spreche, ist er mir verloren. Über ihn lächeln? Nein. Er hatte mich doch ausgezeichnet.

JUGEND-ERINNERUNGEN EINES ALTEN MANNES

WILHELM VON KÜGELGEN

Die neunziger Jahre des vorigen Jahrhunderts waren für das Rheinland verhängnisvoll geworden. Unter den Hammerschlägen der französischen Revolution begannen die Stützen des alten Staatenbaus zu sinken. Unordnung und wüster Streit erfüllten das schöne Land, und mancher Mann, der dort zu Hause war, entfremdete seiner Heimat.

So auch mein Vater. Von Rom, wo er als Maler seine Studien beendet hatte, zog es ihn nicht zurück nach seinem Vaterlande, vielmehr wandte er sich infolge der Einladung eines Freundes dem Norden zu. Da lernte er in Reval meine Mutter kennen, gewann ihre Hand und zog mit ihr nach Petersburg, wo er viel Arbeit fand.

Mutter und noch vorhandenen Brüdern glich die verstorbene Schwester einem überirdischen kleinen Wesen, wie man das wohl bei Kindern findet, denen ein kurzes Lebensziel gesteckt ist. Sie ist auf dem ländlichen Gottesacker bei Pawlosky begraben, und auf den kleinen Hügel setzten die Eltern ein Kreuz mit dem Nanem „Maria".
Doch war ihr Gedächtnis nicht mitbegraben und lebte namentlich in der Erinnerung der Mutter so lebhaft fort, als sei sie nie gestorben. Ja mehr als ihr Gedächtnis: die selige Schwester selbst soll ab und zu noch segnend in den Kreis der Familie eingetreten sein. Wenigstens erzählte meine Mutter des öftern, wie bald nach der Geburt ihrer jüngeren Kinder eine Lichtgestalt erschienen sei und die neuen Ankömmlinge umleuchtet und begrüßt habe. Diese Erscheinung hatte in der sichtbaren Welt nichts Analoges, dennoch erkannte die Mutter ihr heimgegangenes Kind. Sie hatte sich ja die Selige als Schutzengel erbeten für die Kinder, die durch Gottes Gnade etwa folgen sollten und zweifelte an der Erhörung ihrer Bitte nicht.
Dem sei nun wie ihm wolle, die Mutter hatte nach der Geburt meiner jüngeren Schwester sogar noch eine Zeugin für dieses liebliche Erlebnis, indem die Wärterin, die allein mit ihr im Zimmer war, dasselbe sah. So war denn oft die Rede von der Dahingeschiedenen und wohl erinnere ich mich, daß ich als kleiner Junge manche Übertretungen mied, um den Engel nicht zu betrüben, der mir beigegeben war.
Wenn wir im Garten spielten, schloß sich uns häufig als Dritter im Bunde noch ein kleiner Barfüßler von unserem Alter, der Sohn des Gärtners, an. Er hieß Fritz Pezold und gewann durch folgenden Vorfall für mich Bedeutung.
Eines schönen Morgens nämlich weiß ich nicht, wo Frau Benus hingekommen war, genug, sie ließ uns ohne Aufsicht; wir aber amüsierten uns mit einigen zugelaufenen Nachbarskindern, welkes Laub aufzulesen und dieses über das Geländer der kleinen Brücke in die Katzbach zu werfen. Dann liefen wir einige dreißig Schritte abwärts, wo zum Behuf des Wasserschöpfens an tiefer Stelle ein schmales Brett über den Bach gelegt war, um auf diesem lauernd, die kleinen goldenen Schiffchen wieder aufzufangen. Mit welchem Eifer wir dies trieben und wie hockte bereits jubelnd auf dem schwanken Stege, als dieser umschlug und ich kopfüber ins Wasser schoß. Die erschrockenen Freunde stoben auseinander, verschwanden durch Hecken und Zäune, wo sie hergekommen waren, und ich selbst gab mich sogleich verloren.
Nicht so Fritz Pezold. In dem Augenblicke, als ich versank, sprang er entschlossen auf den Steg, griff in die Tiefe, packte meine Haare und schrie, daß ihm die Lungen bersten wollten, nach seinem Vater. Zwar brachte er mich mit dem Kopfe übers Wasser, doch nicht weiter, und ich dachte jeden Augenblick, samt meinem Freunde zu ertrinken, denn das kleine Brettchen schwankte hin und wieder wie eine Schaukel.
Dennoch erinnere ich mich sehr deutlich, daß ich keine Angst empfand, mich vielmehr freute, nun allsogleich in den Himmel einzugehen und mit meiner lieblichen Schwester Maria vereint zu werden. Fast glaube ich, daß ich bereits Wasser geschluckt hatte und halb tot war, denn ich verhielt mich völlig leidend und tat selbst nicht das geringste zu meiner Rettung. Aber das weiß ich, daß mir's zu Mute war wie Kindern, die am Weihnachtsabend in dunkler Kammer an der Türe drängen: Gleich wird sie aufgehen und der Baum in seinem Glanze stehen.
Indessen sollten mir die Paradiespforten noch verschlossen bleiben, und der Cherub, der den Eintritt wehrte, war Fritz Pezold. Sein Mark und Bein durchdringendes Zetergeschrei hatte endlich das Ohr des Vaters erreicht, der nun wie ein angeschossener Kater mit weiten Sätzen über seine Gemüsebeete herbeiflog und mich herauszog. Triefend und mit schwarzem Schlamm überzogen hing ich wie ein erschlagener kleiner Maulwurf in seinen Händen, als er mich den Eltern brachte.
Ob diese Lebensrettung ein Glück für mich gewesen, muß ich dahingestellt sein lassen, da allerdings Fritz Pezold die Regel meiner Mutter gröblich übertreten hatte; denn nicht nur hatte er überlaut geschrieen bei einem Sterbenden, sondern diesen sogar bei den Haaren gerauft. Die Mutter war freilich deshalb nichts weniger als ungehalten, beschenkte vielmehr den guten Jungen nach ihren Kräften, und unsere Kinderherzen blieben lange treu verbunden.